Vorwort

Ein Blick hinter die Aldi-Kulissen

Aldi ist ein Phänomen: Jeder kauft hier ab und zu einmal ein, doch kaum jemand weiß was über den „Laden". Aldi ist seit über einem halben Jahrhundert der große Unbekannte in der Branche. Seit Firmengründung greift das Prinzip: keine Informationen an die Öffentlichkeit. Das Aldi-Management gibt grundsätzlich keine Interviews und äußert sich nicht in den Medien. Sie als Verbraucher werden immerhin jeden Mittwoch in Ihrer Tageszeitung über aktuelle Angebote informiert – das muss offenbar reichen.

Wer Hintergründe über die Qualitätspolitik oder über die Zulieferer von Aldi sucht, hatte bislang nur wenige Chancen, an Informationen zu kommen. Schade eigentlich, denn in Sachen Qualität gibt es wohl kaum einen Grund, sich bedeckt zu halten: Aldi verlangt von seinen Lieferanten umfassende Qualitäts-Zertifizierungen.

Mit diesem Ratgeber wollen wir einen Blick hinter die Kulissen der Aldi-Einkaufswelt werfen. Wichtigster Aspekt dabei ist die Frage nach den Produzenten: Wer liefert was bei Aldi? Um diesen Punkt ranken sich die meisten Gerüchte, denn die Lebensmittelhersteller selbst gehen schließlich nicht damit hausieren, dass sie auch für Discounter arbeiten. Sie als Verbraucher sollen gefälligst zum teureren Markenprodukt und nicht zur Alternative im Billigmäntelchen greifen.

Wir haben in diesem Buch die Tarnkappen vieler Aldi-No-Names gelüftet. Und Sie werden sehen: Die Liste der „Promis" unter den Herstellern ist lang. Egal, ob bei den Feinkostsalaten, beim Gebäck oder bei den Tiefkühlbackwaren – Aldi hat zahlreiche Marktführer unter Vertrag. Trotzdem sollten Sie nicht der Mär aufsitzen, dass die Aldi-Ware identisch sei mit den entsprechenden Markenartikeln. Zum großen Teil lässt Aldi nach eigenen Vorgaben produzieren.

Martina Schneider

Aldi
Welche Marke steckt dahinter?

100 ALDI-Top-Artikel und ihre prominenten Hersteller

südwest

Inhalt

Bei einem anderen Teil des Sortiments kommen jedoch auch Hersteller zum Zug, deren Namen Sie vermutlich noch nie gehört haben. Doch auch in diesen Fällen sollten Sie keine falschen Schlüsse ziehen: Ein Nobody muss genauso sorgsam arbeiten wie ein Großkonzern.

Dieser Ratgeber soll Ihnen helfen, sich ein detaillierteres Bild von Deutschlands beliebtestem Discounter zu machen. Eine Empfehlung ist damit natürlich nicht verbunden.

Ob Sie künftig bei Aldi einkaufen oder vielleicht doch lieber den Wochenmarkt vorziehen, den Bioladen, den Bäcker und Fleischer ums Eck ... das bleibt natürlich Ihnen selbst überlassen. Mit dieser Wahl entscheiden Sie schließlich auch darüber, wie Ihre Einkaufswelt in Zukunft aussehen wird.

Ihre Martina Schneider

Über die Autorin

Martina Schneider ist Lebensmitteltechnologin und Fachjournalistin für Ernährung. Seit über 15 Jahren arbeitet sie für Fernsehen, Hörfunk und Presse. Zudem hält sie Seminare über Einkaufsberatung ab. 2004 erschien im Südwest Verlag ihr Bestseller „Welche Marke steckt dahinter?“.

Vom Billigheimer zum Lieblings-Discounter

Aldi ist Deutschlands beliebtester Discounter. Drei von vier Haushalten kaufen hier ein. Gründungsväter des Phänomens „Aldi“ sind die Brüder Theo und Karl Albrecht, die mit einem geschätzten Vermögen von 27 Milliarden Euro als die reichsten Europäer gelten. *„Die Albrechts haben aus einer kleinen Ruhrgebietsklitsche eines der 15 größten Handelsunternehmen der Welt gezimmert“*, bringt die „Wirtschaftswoche“ den legendären Erfolg der öffentlichkeitsscheuen Brüder etwas despektierlich auf den Punkt. Tatsache ist, dass das Aldi-Prinzip oft kopiert und nie erreicht wurde.

Die Aldi-Karriere fand ihren Anfang im Nachkriegsjahr 1946, als Karl und Theo Albrecht in einem Essener Bergarbeiter-Viertel ein Lebensmittelgeschäft eröffneten. 1950 – das Unternehmen hatte bereits 13 Filialen – führten die Kaufleute die „Discount“-Idee ein, eine bis dato unbekannte Methode. Das englische Wort Discount heißt nichts anderes als „Rabatt, Preisnachlass“. Früher war es üblich, Stammkunden einen Rabatt von drei Prozent zu gewähren, wenn sie dem Händler am Jahresende alle gesammelten Rechnungen vorlegten. Die Aldi-Brüder stellten dieses Prinzip auf den Kopf und ließen den eingeräumten Rabatt von vornherein in ihre Kalkulation mit einfließen.

Ein stark reduziertes Warensortiment, eine kleine Verkaufsfläche und eine spartanische Ladeneinrichtung taten ein Übriges, um die Preise so niedrig wie möglich zu halten. *„Verzicht auf alles Überflüssige“* lautete die oberste Devise. Die Rechnung der Albrechts ging auf; die Eröffnung neuer Aldi-Filialen quer durch die Republik erfolgte Schlag auf Schlag.

Der Aldi-Äquator trennt die Nation

Im Jahr 1960 teilen die Partner ihr Imperium von mittlerweile 300 Filialen in zwei getrennte Konzerne auf: Aldi Süd und Aldi Nord. Angeblich, so berichtet der „Stern“, weil sich die Brüder nicht auf den Verkauf von Zigaretten einigen konnten. Karl wollte, Theo wollte nicht, weil *„Zigaretten so oft geklaut würden“*.

Der Aldi-Äquator verläuft quer durch Nordrhein-Westfalen und Hessen und schlängelt sich über Borken und Siegen an Kassel vorbei. Die neuen Bundesländer gehören komplett zur Nord-Schiene.

Bei Aldi Süd ist das Logo orange umrandet, bei Aldi Nord ist der Hintergrund klassisch blau. Ansonsten sind die Unterschiede für den Verbraucher kaum wahrnehmbar. Von Flensburg bis Berchtesgaden sehen die Läden sehr ähnlich aus, das Sortiment ist auf den ersten Blick ebenfalls vergleichbar. Als Verbraucher geht man eben „zum Aldi“. Ob das Geld nun in die Tasche von Karl oder Theo Albrecht fließt, spielt dabei keine Rolle.

Groß geworden sind die Brüder mit so genannten Waren des täglichen Bedarfs. Heute ist Aldi allerdings fast ein Allrounder: Champagner, Entenbrust und Pesto gehörten ebenso zum festen Sortiment wie Mehl, Zucker oder Margarine.

Wie hoch der Firmengewinn ist, darüber konnten die Albrechts aufgrund geschickter Unternehmenskonstellationen jahrzehntelang die Auskunft verweigern. Erst 2001, als EU-weit schärfere Publizitätspflichten eingeführt wurden, gerieten die Geheimniskrämer in Zugzwang und legten ihre Bilanzen offen. Ex-Aldi-Manager Dieter Brandes nennt in seinem Sachbuch „Die elf Geheimnisse des Aldi-Erfolgs“ Schätzwerte aus dem Jahr 2002. Demzufolge gab es in Deutschland 3 700 Läden mit einem Gesamtsumsatz von 22,5 Milliarden Euro. Im Ausland lag die Zahl bei 2 700 Geschäften mit einem Gesamtumsatz von zehn Milliarden Euro.

„Aldinativen“ zur Marke

Aldi hat die Handelsmarke hoffähig gemacht. Statt Jacobs Krönung liegt bei Aldi „Amaroy“ oder „Markus“-Kaffee im Regal, statt der Prinzenrolle gibt's eine „Kurpfalzrolle“, bei Windeln greifen junge Mütter zu „Vibell“ statt zu Pampers.

Handelsmarken (andere Bezeichnungen sind Eigenmarken des Handels, No-Names oder Privat-Label) sind im Besitz des Handelsunternehmens. Die „Kurpfalzrolle“ zum Beispiel finden Sie also nur bei Aldi. Sie ist ein Exklusiv-Produkt, das speziell für diesen Discounter produziert wird.

Der Trick dabei: Wenn das Handelsunternehmen erst einmal über eine Marke verfügt, kann es für ein und dasselbe Produkt verschiedene Lieferanten unter Vertrag nehmen. Der Hersteller ist nur eine Art Dienstleister, dem auch gekündigt werden kann. Dies ermöglicht Aldi natürlich einen entscheidenden Verhandlungsvorteil bei den Lieferverträgen.

Im Unterschied zu den Handelsmarken gibt es auch so genannte Herstellermarken, deren Rechte im Besitz ihrer Produzenten liegen: Milka gehört zu Kraft Foods, Maggi zu Nestlé, Iglo zu Unilever. Und diese Konzerne bestimmen dann natürlich auch die Qualität, Preisempfehlung oder Werbung für ihre Produkte.

Genau darin lag für die Aldi-Brüder der Hase im Pfeffer: Sie fühlten sich von diesen Vorgaben eingeengt und wollten unabhängig sein. Als Alternative setzten sie auf Eigenmarken. Zu Beginn hatten diese Waren jedoch Startschwierigkeiten: Kein Mensch kannte die Produkte, die bei Aldi verkauft wurden, denn schließlich tauchten sie ja in keinem Werbespot auf. Doch nach und nach erkämpften sich die No-Names ihren guten Ruf. Branchenbeobachter sehen es so: *„Aldi ist es gelungen, seine Eigenmarken mit einem Qualitätsimage zu koppeln.“*

Heute machen echte Markenartikel nur noch einen Bruchteil des Aldi-Sortiments aus, darunter die Color-Rado-Mischung von Haribo, Merci-Schokolade oder Toffifee von Storck.

Weniger ist mehr

Ein weiterer Eckpfeiler der Aldi-Strategie ist die Selbstbeschränkung in Sachen Sortimentsvielfalt.

Je weniger Waren ein Handelsunternehmen führt, desto besser ist das Angebot zu überschauen und zu kontrollieren. Im Prinzip werden nur Artikel gelistet, die sich schnell umschlagen. Ob ein neues Produkt den Beifall der Kunden findet, wird vorab in drei Testmärkten überprüft.

In der Regel ist von rund 700 Standardartikeln bei Aldi die Rede. Doch ganz so überschaubar, wie gerne beschworen, ist das Sortiment nicht mehr. Unternehmensberater von McKinsey haben für eine aktuelle Discounter-Studie nachgerechnet und sprechen von mittlerweile 1 560 Artikeln bei Aldi Süd und von 1 230 Artikeln bei Aldi Nord. Diese Zahlen veröffentlichte die Wirtschaftszeitung „Capital".

Sie als Verbraucher werden diese Auswahl natürlich begrüßen. Doch für Aldi ist die Sortimentserweiterung ein Drahtseilakt. Denn mit jedem neuen Produkt wird es schwieriger, der Philosophie des Hauses treu zu bleiben, wonach *„jeder Artikel ein Individuum ist und bis zur obersten Geschäftsleitung als solches behandelt wird"*.

Mehr als 60 selbstständige Regionallager

Aldi lässt seine Waren über insgesamt 65 Zentrallager ausliefern. Für die Nord-Schiene sind 35 Regionallager zuständig, im Süden gibt es 30 Zentren.

Jedes Warenverteilzentrum hat die Größe mehrerer Fußballfelder (mind. 25.000 qm), verfügt über ein Kühl- und Tiefkühllager sowie eine angeschlossene Verwaltung.

Die Häuser werden von alleinvertretungsberechtigten Geschäftsführern geleitet und betreuen 50 – 80 Filialen innerhalb eines geografisch klar abgegrenzten Gebietes. In der Regel liegen die Filialen im Umkreis von rund 70 Kilometern. Bei Erreichen einer bestimmten Größe erfolgt eine „Zellteilung".

Der Durchschnittsumsatz eines Zentrallagers bei Aldi Nord soll nach Informationen der „Lebensmittelzeitung" bei rund 292 Mio. Euro liegen; ein Süd-Lagerbetrieb kommt im Schnitt sogar auf 388 Mio. Euro Umsatz.

Die Bestellung der Ware erfolgt im Regionallager, die Zentralen in Mühlheim oder Essen schließen nur die Rahmenverträge ab. Von der Nachbestellung eines Artikels beim Produzenten bis zur Lieferung sind maximal drei Tage Dauer erlaubt.

Die Hersteller fahren die Regionallager direkt an. Besonders umschlagstarke Waren wie Milch und Eier werden mehrmals täglich angeliefert.

Qualitätsvorgaben bis ins Detail

Über die Qualitätspolitik von Aldi ist wenig Konkretes bekannt. Aldi hält sich auch in diesem Punkt an das eherne Firmenprinzip, wonach keinerlei Interna nach außen dringen sollen. Auf seiner Website beschränkt sich Aldi Süd lapidar auf die Formulierung *„ständige eigene Qualitätskontrollen und laufende zusätzliche Kontrollen in Lebensmittellabors"*. Aldi Nord ist ebenfalls schmallippig und spricht von *„hoher Qualität, die durch ständige, unabhängige Qualitätskontrollen bestätigt wird"*.

Eines ist bei Handelsunternehmen und ihren Eigenmarkenlieferanten allerdings generell bekannt: Wer No-Names produziert, muss in Sachen Qualitätsmanagement „on top" sein. Fast alle Lieferanten sind bereits nach „International Food Standard" zertifiziert, einem Qualitäts-System, das weit über das gesetzliche Maß hinausgeht. Der

Bogen spannt sich dabei von Rückstandsmessungen bei der Wareneingangskontrolle über medizinische Routineuntersuchungen des Personals bis hin zu Hygienefragen bei der Raumgestaltung. Kein Risikofaktor soll bei der Lebensmittelproduktion unberücksichtigt bleiben.

Aldi hat für seine Lieferanten zudem noch so einige Vertrags-Sonderklauseln parat, wie Insider Dieter Brandes weiß. In seinem Sachbuch verrät er den Wortlaut: *„Der Lieferant versichert, dass er den Herstellungsprozess, über eine sorgfältige Auswahl und Beaufsichtigung seines Personals hinaus, so eingerichtet hat, dass die Möglichkeit von auch unbeabsichtigten Verfälschungen, jedenfalls aber eines Verkaufes verfälschter oder irreführend bezeichneter Waren, ausgeschlossen ist."*

Doch der Discounter legt nicht nur gegenüber seinen Lieferanten die Daumenschrauben an, sondern verlangt auch von den eigenen Mitarbeitern, dass sie ihre Hausaufgaben machen. Brandes liefert Beispiele: *„Der Einkauf und die Warenannahme müssen in jedem der über 60 Lager sensorische Prüfungen durchführen und Laboranalysen bei Fremdlabors in Auftrag geben. Im Rahmen der Tageskontrollen werden täglich zehn Artikel aus dem Lagerbestand geprüft, bei Frischobst werden von jeder eingehenden Partie Muster gezogen. Zudem finden täglich Blindverkostungen der eigenen Marken mit den führenden Markenartikeln statt."*

Wer patzt, der fliegt

Stiftung Warentest vergleicht veritable Markenprodukte mit unbekannten Handelsmarken und sorgt mit seinen Ergebnissen regelmäßig für Aufruhr. Vom Toastbrot bis zum Apfelsaft – Aldi-Produkte schneiden bei der Stiftung Warentest auffallend oft mit „gut" ab. Rudolf W. Vanderhuck, Inhaber einer Agentur für Handelsmarken und ausgewiesener Privat-Label-Experte, hat darüber Statistik geführt: *„Nimmt man alle Testergebnisse der vergangenen zwei Jahre unter die Lupe, so haben die Handelsmarken keine schlechtere, sondern – im Gegenteil – sogar eine bessere Benotung (1,93 im Durchschnitt) als die Markenartikel der Industrie (nur 2,14). Es führt auf Dauer kein Weg daran vorbei, dass zum Beispiel die Sonnenschutzmittel der Handelsmarken regelmäßig die Bestnoten zwischen 1,0 und 1,4 erhalten, zugleich aber nur ein Viertel so viel kosten wie die Alternativen der klassischen Markenartikel.“*

Seit 30 Jahren, so führt Vanderhuck in der „Lebensmittelzeitung“ weiter aus, könnten die Verbraucher auch nachvollziehen, dass in allen Tests der Stiftung Warentest das Waschpulver Tandil nie schlechter beurteilt wurde als die Industriemarken Persil und Ariel. *„Tandil-Käufer zahlen aber nur gut die Hälfte gegenüber den Marktführerprodukten von Henkel und Procter & Gamble“*, resümiert der Wirtschaftsexperte.

Mit den Testergebnissen untermauert Aldi natürlich sein Qualitäts-Image. In der Branche wird gerne ein Aldi-Manager mit folgender Aussage zitiert: *„Die Stiftung Warentest war und ist unser stärkster Promoter.“*

Für die Lebensmittelhersteller ist der Druck natürlich enorm groß. Erhält eine Aldi-Handelsmarke bei Analysen der Stiftung Warentest nicht wenigstens ein „befriedigend“, muss der Produzent seine Ware wieder aus den Discounter-Regalen abholen.

Vor zwei Jahren wurde solch ein Szenario tatsächlich durchgespielt. Das Olivenöl „Lorena“, das bislang mit Bestnoten abgeschnitten hatte und einer der Top-Artikel bei Aldi Nord war, wurde bei einer erneuten Verkostung auf die hinteren Plätze verwiesen und erhielt nur noch ein „ausreichend“. Unverzüglich ließ Theo Albrecht daraufhin die Ware aus seinen Läden entfernen. Der Hamburger Importeur musste daraufhin selbst sehen, wie er mit mehreren Stapelladern voller ausgelisteter Olivenölflaschen zurechtkam.

Blindes Vertrauen in Aldi

Die jahrzehntelange Sortimentspflege spiegelt sich auch im Meinungsbild der Verbraucher wieder. Ende 2004 veröffentlichte das „Handelsblatt" eine groß angelegte Umfrage, wonach der Discounter Aldi unter allen deutschen Unternehmen das größte Vertrauen genießt. Nur der Luxuswagenbauer Porsche erhielt noch bessere Noten. Telekom, Deutsche Post, Deutsche Bank – allesamt Unternehmen mit hohem Werbeaufwand – schnitten am schlechtesten ab. Die sprichwörtliche Aldi-Qualität wird jedoch nicht nur von Verbrauchern, sondern auch von Branchenkennern bestätigt. Die Krefelder Agentur Baums, Gesellschaft für Kommunikation GmbH, hat eine Stichproben-Umfrage unter 21 Food-Profis durchgeführt. 100 % der Befragten nannten als Aldi-Produkt-Eigenschaften die Kriterien „preiswert", „gute Qualität", bzw. „Markenprodukt in Aldi-Verpackung". *„Aldi ist ein Billig-Anbieter ohne Billig-Image"*, bringt das Branchenblatt „Lebensmittelreport" die Umfrage auf den Punkt.
„Aldi-Insider" Dieter Brandes formuliert den Erfolg so: *„Aldi ist für den Kunden glaubwürdig, weil Reden und Handeln, Werbeaussage und Wirklichkeit übereinstimmen. Aldi hält seit 30 Jahren ein konstantes Niveau, was für Kunden und Lieferanten schlicht „Berechenbarkeit" bedeutet. Nur so ist es zu begreifen, dass Kunden heute bereit sind, bei Aldi für 1 000 Euro einen Computer „ohne Namen" zu kaufen. Ohne Beratung, ohne Empfehlung."*

Das Dilemma der Markenhersteller

Für die Markenindustrie gerät der anhaltende Billig-Boom zur echten Bewährungsprobe. Die großen Hersteller sind die Ideen-Geber für Innovation und Marketing und stecken Millionen in die Entwicklung und Werbung neuer Produkte. Doch kaum finden die Verbraucher Gefallen an Chips mit Zwiebel-Käse-Geschmack oder Joghurt mit Aloe Vera, schießen entsprechende Billig-Imitate wie Pilze aus dem Boden. *„Das ist eine parasitäre Strategie“*, schimpft Horst Prießnitz vom Markenverband.

Folglich hat der Bundesverband der Markenartikler kürzlich zum Gegenangriff geblasen und eine 25 Millionen Euro teure PR-Kampagne gestartet. *„Die Marke. Etwas anderes kommt mir nicht in die Tüte“*, war auf großwandigen Werbeplakaten zu lesen. *„Eigentlich müsste der Werbespruch lauten „Bitte Marken kaufen, nicht zu Aldi laufen!“* kommentierte daraufhin die Wochenzeitung „Die Zeit“ süffisant den Versuch, die Verbraucher wieder auf Marke zu trimmen.

Doch die PR-Aktion des Markenverbandes ging ins Leere, der Billig-Rausch ist nicht aufzuhalten. Der Anteil der No-Name-Produkte liegt mittlerweile bei rund 35 Prozent und es wird erwartet, dass er noch weiter steigt.

Eine Konsequenz für die Markenhersteller: Sie stampfen einen Teil ihrer Labels ein. Von 60 Unilever-Marken, die in Deutschland beworben werden, soll in den kommenden Jahren jede zweite verschwinden, heißt es in dem „Zeit“-Dossier „Der gnadenlose Kunde“.

Erschwerend kommt hinzu, dass für Milka, Miracel Whip oder Rama die klassischen Absatzmärkte schwinden. Supermärkte wie Edeka, Rewe, Marktkauf oder Spar führen die meisten Markenartikel – doch genau diese „Vollsortimenter“ kämpfen mit der Konsumflaute. Wenn ein neues Handelsunternehmen eröffnet, ist das in der Regel kein

Supermarkt, sondern ein Discounter. Und dieser führt wiederum größtenteils Eigenmarken.
Auch auf diese Entwicklung müssen die Hersteller reagieren. Entweder sie konzentrieren sich weiterhin auf das Geschäft mit ihren etablierten Marken und gehen das Risiko ein, dass ihnen nach und nach die Felle wegschwimmen. Oder sie kooperieren mit den Discountern, produzieren No-Names und sichern sich somit Absatzmärkte. Viele sehen in der zweiten Variante den zukunftsträchtigeren Weg.

Stars und Sternchen

Nach einer Studie der Handelsorganisation „Markant" sind die meisten Verbraucher davon überzeugt, dass No-Names in Wirklichkeit von namhaften Markenherstellern produziert werden. Das trifft die Realität jedoch nur teilweise. Bei Aldi findet sich eine bunte Mischung von Stars und Sternchen unter den Lieferanten. Und während die Sternchen sich mittlerweile ganz gerne als Aldi-Partner outen, scheuen die Stars noch das Rampenlicht.
Wenig Geheimniskrämerei gibt es beispielsweise bei den Wurstwaren: Die Wiener Würstchen kommen von Könecke, die Mettwurst von Wiltmann, die Currywurst von Böklunder. Das Firmenlabel dieser Hersteller steht groß auf der Packung.
Bei einem weiteren Teil des Sortiments greift Variante Nummer zwei: Im Vordergrund steht hier die Aldi-Marke wie beispielsweise „Biac" oder „Kür", doch irgendwo beim Kleingedruckten können Sie den echten Hersteller ausfindig machen. Auch dieser Weg ist für Sie als Kunde gut nachvollziehbar. Sie können erkennen, aus welchem Haus das Produkt stammt und wissen dabei zugleich, dass es eine typische Eigenmarke ist, die speziell für Aldi produziert wurde.
Doch bei einem Großteil der Waren kommt die „under-cover-Methode" zum Zug. Hier können Sie als Verbraucher nicht erkennen,

welcher Produzent hinter dem Produkt steht. Und genau auf diese Artikel wollen wir in diesem Einkaufsratgeber das Augenmerk legen.

Ach, wie gut, dass niemand weiß …

In der Regel läuft es dann nach „Schema F" ab: Sobald ein bekannter Hersteller auf die Billigschiene umschwenkt und auch für Aldi arbeitet, schreibt er nicht mehr seinen eigenen Firmennamen auf die Verpackung, sondern pinnt eine unbekannte Vertriebsgesellschaft aufs Etikett. Sie als Verbraucher sollen schließlich nicht mitbekommen, dass der Hersteller ihrer Lieblingsschokolade oder ihrer Lieblingspizza auch einen Discounter beliefert.

Sollten Sie sich also einmal die Mühe machen und auf der Verpackung nach dem Produzenten suchen, dürfte das Resultat wenig erhellend sein. Eine „T.M.A GmbH" beim Fruchtjoghurt? Ein Suppenhersteller namens „Dr. König"? Ein Gebäckhersteller, der „Coverna" heißt? Lauter Gleichungen mit Unbekannten.

Meist sind diese Betriebe jedoch nichts anderes als Vertriebs-, Tochter- oder sonst verbundene Unternehmen von großen Nahrungsmittelherstellern, die ausschließlich zu einem Zweck gegründet wurden: Sie sollen den Weg ins No-Name-Geschäft ebnen. Gesprochen wird darüber nur ungern; die Firmen bauen lieber auf das Rumpelstilzchen-Prinzip: „Ach, wie gut, dass niemand weiß …" Damit Sie beim nächsten Aldi-Einkauf die Tarnkappen auf einen Blick erkennen können, haben wir im Anhang des Buches die wichtigsten Verwandtschaftsverhältnisse zwischen unscheinbaren Töchtern und ihren prominenten Müttern tabellarisch aufgelistet.

Die Schattenseiten des Billig-Booms

In keinem anderen westeuropäischen Land werden Lebensmittel preiswerter verkauft als in Deutschland. Der Marktanteil der Discounter liegt bereits bei 40 Prozent, und mit Dumping-Preisen drehen Aldi, Lidl, Penny oder Plus immer stärker an der Preisspirale. Nutznießer dieser Entwicklung sind zunächst Sie als Kunde.

Am anderen Ende der Vermarktungskette sieht die Sache schlechter aus. Seit Jahren versuchen sich Landwirte gegen Schleuderpreise bei Fleisch, Milch oder Eiern zu wehren. *„Die Discounter klatschen uns an die Wand"*, verdeutlicht Gerd Sonnleitner, Präsident des deutschen Bauernverbandes, die Marktmacht der Billig-Anbieter.

Doch auch Handwerksbetriebe wie Bäcker und Fleischer oder selbstständige kleinere Kaufleute kämpfen um ihre Existenz. Sie setzen auf Kriterien wie Regionalität, Dienstleistung, Wertschöpfung oder Einkaufserlebnis und hoffen, mit diesen Argumenten die Kunden auf ihre Seite ziehen zu können.

Verbraucherschützer verweisen auf eine weitere Schattenseite des Billig-Booms: Die Lebensmittelvielfalt nimmt ab. Discounter führen rund 1 000 Artikel, Vollsortimenter dagegen 30.000. In den Regalen der Discounter haben Nischenprodukte oder Spezialitäten keine Chance mehr. Folglich nimmt auch die Bandbreite an Geschmacks-Nuancen ab, wie Thomas Isenberg, Leiter des Fachbereichs Gesundheit und Ernährung der Verbraucherzentrale Bundesverband, mit einem einfachen Beispiel aufzeigt: *„In Deutschland sind 211 Kartoffelsorten zugelassen, doch die Discounter bieten gerade mal drei oder vier Sorten an. Diese Monotonie ist erschreckend."*

Wenn Sie als Verbraucher also langfristig die Vielfalt des Lebensmittelangebots, der Nahrungsmittelhersteller und des Lebensmitteleinzelhandels erhalten wollen, ist es sicherlich sinnvoll, neben den Discountern auch andere Einkaufsstätten zu wählen. Noch gibt es reichlich Alternativen.

So haben wir getestet

Quer durch das Sortiment, vom Fleischsalat bis zum Rotwein, haben wir im ersten Quartal 2005 bei Aldi Nord und Aldi Süd Testeinkäufe durchgeführt. Unsere Filialen lagen im Ruhrgebiet und in Bayern, so dass die Beispiele natürlich nur ein zeitlich und regional begrenztes Spiegelbild der Aldi-Welt wiedergeben.

Bedenken Sie, dass das Angebot je nach Region unterschiedlich sein kann. Aldi Nord hat 35 Regionalgesellschaften, Aldi Süd 30. Und diese Häuser bestimmen teilweise selbstständig über ihr Sortiment. So kann schon innerhalb einer Großstadt das Angebot variieren, wie beispielsweise in Berlin. Die Filialen werden hier von zwei verschiedenen Auslieferungslagern angefahren, von denen sich eins im Norden und eins im Süden der Stadt befindet.

Zudem ist das Warenangebot je nach Philosophie des Stammhauses unterschiedlich. Aldi Süd führt beispielsweise generell mehr Bio-Produkte als Aldi Nord.

Im Wesentlichen haben wir uns jedoch darauf beschränkt, langjährige Klassiker vorzustellen, die in fast allen Filialen zu finden sein dürfen.

Anhand der aufgedruckten Adresse haben wir dann recherchiert, welcher Hersteller dahinter steckt. Eine wichtige Quelle waren dabei Eintragungen im Handelsregister und beim Europäischen Schutzmarken-Dienst. Aber auch Fachartikel in Branchenblättern und Wirtschaftszeitungen gaben teilweise Aufschluss über Firmenverflechtungen (bitte haben Sie Verständnis dafür, dass wir trotz sorgfältigster Recherche keine Gewähr für die Richtigkeit der Angaben übernehmen können).

Obwohl Aldi Nord und Aldi Süd zwei rechtlich, finanziell und organisatorisch voneinander getrennte Unternehmen sind, lassen sie sich oftmals von ein und demselben Lieferanten versorgen, wie Sie beispielsweise bei den Butterkeksen, bei der Konfitüre oder beim Sekt sehen werden. In diesen Fällen scheiden sich die Produkte manchmal nur durch den Namen. Bei Aldi Süd heißt der Butterkeks „Monarc", bei Aldi Nord steht stattdessen „van Botta" auf der Verpackung.

Bei Fleisch-, Fisch- und Milchprodukten geben wir grundsätzlich die Veterinärkontrollnummer mit an. Dieser Code gibt laut EU-Verordnung jenen Herstellerbetrieb wieder, in dem das Produkt *„zum letzten Mal bearbeitet oder verpackt wurde"*. Wenn also bei einem Aldi-Joghurt die gleiche Codierung zu finden ist wie auf einem Ehrmann-Joghurt, bedeutet das, dass beide Produkte aus dem gleichen Hause stammen. Rückschlüsse auf die Qualität der Rohstoffe oder auf eingesetzte Herstellungsverfahren lassen sich damit jedoch nicht ziehen.

Eine Auflistung aller Veterinärkontrollnummern und weitere Hintergründe zu den Codierungen können Sie im Internet beispielsweise über http://www.pruefziffernberechnung.de abrufen. Unter dem Stichpunkt „Veterinärkontrollnummern" sind hier alle in Deutschland zugelassenen Lebensmittelbetriebe erfasst.

Und noch eine Anmerkung zum Schluss: Auch wenn wir bei einigen Beispielen frappierende Ähnlichkeiten zwischen dem Aldi-Produkt und einem entsprechenden Markenprodukt vom gleichen Hersteller festgestellt haben, lässt sich daraus trotzdem nicht die Schlussfolgerung ziehen, dass die Aldi-Ware identisch ist mit der Marke. Hier greift ein ganz einfacher Grundsatz: Nur wo die Marke draufsteht, ist auch die Marke drin.

100 Top-Artikel und ihre Hersteller

Knabberartikel

Aldi Nord	Aldi Süd
Trader Joe's Erdnüsse	**Farmer Erdnüsse**
Griff GmbH, 58207 Schwerte	Griff GmbH, 58207 Schwerte

Knabbern Sie vor dem Fernseher gerne ein paar Erdnüsse? Welche Sorte steht denn dann bei Ihnen auf dem Couchtisch? Felix, Ültje, Pittjes – oder Aldi? Vielleicht macht das gar keinen so großen Unterschied, denn all diese Knabbereien stammen aus ein und demselben Haus, der Firma „**The Nut Company**".

Im westfälischen Schwerte hat der europäische Marktführer für Nuss-Knabbereien seinen deutschen Firmensitz. Und The Nut Company gibt sich wenig Mühe, die Aktivitäten im No-Name-Bereich zu verheimlichen. Man würde für fast alle bekannten Handelsketten Eigenmarken produzieren, lässt der niederländische Konzern auf seiner Homepage verlauten.

Aldi gehört eindeutig auch dazu. Denn die Firma Griff, deren Adresse auf den Discounter-Knabbereien angegeben ist, ist kein Produzent, sondern ein Großhändler. Und ein Blick auf die Besitzverhältnisse bringt Klarheit in die verflochtenen Beziehungen: Die Griff GmbH gehört zur Felix GmbH & Co. KG. Und Felix wiederum zur Nut Company.

➤ Weitere Griff-Produkte:
Cashewkerne, Erdnüsse ohne Öl und Fett geröstet.

Aldi Nord	Aldi Süd
Goldkronen Stapelchips	**Sunsnacks Chips in line**
Knabberartikel Vertriebs-GmbH, 22094 Hamburg	IBU GmbH, Postfach 13 41, 63233 Neu-Isenburg

Stapelchips mit ihrem charakteristisch runden Pappkarton sind ein Klassiker im Aldi-Sortiment. Und bei Spekulationen um deren wahre Herkunft taucht immer wieder ein Name auf: die Firma Bahlsen, die seit ihrer Ausgliederung des Snack-Bereichs als „**The Lorenz Bahlsen Snack-World**“ firmiert.

Die Medien lehnen sich bei diesem Produkt weit aus dem Fenster. Die „Financial Times Deutschland“ formuliert klipp und klar: *„Die Markenchips von Bahlsen und das Aldi-Knabberzeug stammen vom gleichen Hersteller – von Bahlsen.“*

Und auch der „Stern“ schlägt in die gleiche Kerbe: *„Die Aldi-Chips stammen, wie andere Knabbereien auch, von der Firma Bahlsen.“*

Wir fanden ein Indiz, das diese Behauptung untermauert: Lorenz Bahlsen und IBU teilen sich ein gemeinsames Postfach in Neu-Isenburg. Beide Firmen sammeln ihre Briefe im Fach der Nummer 13 41. Und Branchengerüchten zufolge soll der Aldi-Name IBU nichts anderes bedeuten als Neu-Isenburg und somit den Firmensitz von Lorenz Bahlsen wiedergeben.

Auch ein Vergleich des Produktdesigns, der Stempelaufdrucke und der Verpackungsmaterialien erhärtet den Verdacht, dass Aldi von Bahlsen beliefert wird.

Trotz dieser Übereinstimmungen: Bitte ziehen Sie keine falschen Schlüsse auf den Inhalt. Die original Lorenz Chipsletten und die Stapel-Chips von Aldi werden nach unterschiedlicher Rezeptur hergestellt. Die Zutatenlisten beider Produkte weichen deutlich voneinander ab.

➤ Weitere Produkte von IBU:
easy Chips fettreduziert, Snacky Stars Kartoffelsnack.

Süßigkeiten

Aldi Nord	Aldi Süd
Sweetland Joghurtfrüchtchen hergestellt für Smile Factory GmbH, Speditionstraße 9, 40221 Düsseldorf	**Sweetland Joghurtfrüchtchen** hergestellt für Smile Factory GmbH, Speditionstraße 9, 40221 Düsseldorf

Katjes – jes – jes – jes! Dank der Werbspots mit einer gut gelaunten Heidi Klum verzeichnet die Firma Katjes Fassin zweistellige Wachstumsraten und produziert jährlich rund 56.000 Tonnen Süßigkeiten. Neben dem Branchenprimus Haribo gilt das Familienunternehmen aus Emmerich am Niederrhein als die Nummer zwei im Fruchtgummiland.

Das Firmenlogo ziert eine Katze – und auf der Homepage erfährt der Besucher den Zusammenhang: *„Die Lebendigkeit der Katze ist unser Antrieb. Die Kraft der Marke unsere Stärke.“*

Was im Internet fehlt, ist der Hinweis, dass neben dem „starken Markenprodukt“ auch die unscheinbaren Aldi-Süßigkeiten unter dem Label Sweetland aus dem Hause **Katjes Fassin** stammen. Rund die Hälfte seiner Gesamtproduktion, so schätzt das „Handelsblatt“, setzt Katjes „under cover“ über die Aldi-Filialen ab. Der Vertrieb läuft über eine Dienstleistungsagentur – die Smile Factory GmbH aus Düsseldorf. Wenn Sie also die Katjes-Gums aus Joghurt mögen, sollten Sie sich ruhig einmal die Mühe machen und die Herstellermarke mit ihrem Aldi-Pendant vergleichen. In der Zutatenliste und der Nährwertkennzeichnung werden Sie nicht den geringsten Unterschied feststellen, nur beim Preis: Die original Katjes-Früchtchen sind rund ein Viertel teurer als die Schleckereien vom Discounter.

➤ Weitere Produkte von der Smile Factory:
Salzige Fische, Saure Fische, Farm Mix, Cola-Flaschen, Lakritz-Bären.

Die identische Zutatenliste:

Sweetland Joghurt-Früchtchen

Zutaten: Zucker, Glucosesirup, Magermilch-Joghurtpulver (6%), Fruchtpüree (3%), Säuerungsmittel: Citronensäure, Geliermittel: Pektin, färbende Auszüge aus Früchten und Pflanzen, Aromen, Trennmittel: Bienenwachs.

Katjes Fruchtgummi mit Magermilch-Joghurt

Zutaten: Zucker, Glucosesirup, Magermilch-Joghurtpulver (6%), Fruchtpüree (3%), Säuerungsmittel: Citronensäure, Geliermittel: Pektin, färbende Auszüge aus Früchten und Pflanzen, Aromen, Trennmittel: Bienenwachs.

Aldi Nord	Aldi Süd
van Bolten Sahne Früchtchen WIHA GmbH, 33780 Halle (Westf.)	*In Aldi-Süd-Filialen fanden wir keine Sahne-Frucht-Bonbons.*

Eigenartig: Die van Bolten Sahne-Früchtchen fanden wir nur in Aldi-Nord-Filialen. Trotzdem wollen wir sie hier vorstellen, denn sie stammen aus äußerst prominentem Haus: vom Berliner Süßwarenhersteller **Storck**.

Der Konzern produziert Markenklassiker wie Campino, Toffifee, Nimm 2, Werther's Original oder Merci-Schokolade. Storck galt mit einem geschätzten Umsatz von 1,2 Milliarden Euro lange Zeit als ebenso profitables wie verschwiegenes Unternehmen. Anlässlich des 100-jährigen Bestehens startete das Familienunternehmen 2004 jedoch eine umfassende Imagekampagne, um den Namen Storck mit den oben genannten Marken in Verbindung zu bringen. Die aufwändigen Werbespots haben Sie sicher schon einmal im Fernsehen gesehen. Rund 26 Millionen Euro ließ sich die Firma nach Angaben der „Financial Times Deutschland" den neuen Auftritt kosten. PR-Maßnahmen, die Sie als Verbraucher beim Griff zum original Storck-Produkt mitfinanzieren.

Völlig ohne Werbung – und somit weitaus günstiger – kommt Storck dagegen aus, wenn Handelsmarken produziert werden. Das Geschäft wird über die Tochtergesellschaft **WIHA** abgewickelt.

Storck hat seinen Firmensitz in Berlin, WIHA im westfälischen Halle. Vordergründig finden sich hier keine Übereinstimungen, doch beim Blick auf die Produktionsstandorte wird die Sache schon klarer: Denn in Halle lässt Storck seit den 50er Jahren einen Teil seines Sortiments produzieren.

Bei den van Bolten-Bonbons finden sich auffällig viele Übereinstimmungen mit den original Campino-Bonbons, allen voran eine identische Zutatenliste und ein sehr ähnliches Aussehen. Selbst das

Die identische Zutatenliste:

Van Bolten Sahne Früchtchen

Zutaten: Glukosesirup, Zucker, Sahne (6,2%), Butterreinfett, Öl, pflanzlich, gehärtet, Säuerungsmittel Milchsäure, Säureregulator Natriumlactat, Aroma, Salz, Emulgator Sojalecithin und E435, konzentrierter Erdbeersaft, Farbstoff Karmin, E160c und E171.

Campino Bonbons mit Frucht und Sahne

Zutaten: Glukosesirup, Zucker, Sahne (6,2%), Butterreinfett, Öl, pflanzlich, gehärtet, Säuerungsmittel Milchsäure, Säureregulator Natriumlactat, Aroma, Salz, Emulgator Sojalecithin und E435, konzentrierter Erdbeersaft, Farbstoff Karmin, E160c und E171.

Produktdesign ist vergleichbar: Sowohl die Campino- als auch die van Bolten-Bonbons sind jeweils einzeln verpackt, in Siegelfolie mit rot-gezacktem Rand und rot-weißem Farbdesign.
Wenn Sie Campino-Fan sind, lassen Sie es doch ruhig einmal auf einen Vergleich ankommen. Der Geschmacksunterschied dürfte deutlich geringer ausfallen als die Preisdifferenz – denn die liegt zwischen van Bolten und original Campino bei rund 25 Prozent.

➤ Weitere Produkte von WIHA:
Schokoknusper-Riegel, Schoko-Cereal Jumbo, Schoko & Keks, Schoko-Milchriegel, Milch-Mäuse, zahlreiche Schokoladen.

Aldi Nord	Aldi Süd
Scholetta Mini Schokoküsse	**Monarc Mini Schokoküsse**
WIHA GmbH, 33780 Halle	WIHA GmbH, 33780 Halle

Hier gilt das Gleiche wie eben bei den Erdbeer-Joghurt-Bonbons: Der Hersteller ist wieder **WIHA**, eine **Storck**-Tochter aus Halle. Und von Storck kommen auch Deutschlands unangefochtene Schokokuss-Favoriten: die echten Dickmann's.

Allerdings: Die Rezeptur vom original Dickmann's-Schokokuss und dem Aldi-Pendant ist etwas unterschiedlich. Testen Sie selbst, welche Variante Ihnen besser schmeckt.

Schokoküsse nicht ausschließlich vom Dickmann's-Hersteller

Storck ist über seine Tochterfirma WIHA ein langjähriger Vertragspartner von Aldi. Allerdings fanden wir bei unseren Recherchen im bayerischen Raum auch einen Newcomer, die Mecklenburger Firma **Grabower Süßwaren GmbH**. Auf den ersten Blick sehen die Verpackungen identisch aus. Sie können also mittlerweile nicht mehr davon ausgehen, dass alle Aldi-Schokoküsse von Storck/WIHA kommen. Achten Sie auf das Kleingedruckte.

Grabower ist ein Traditionsbetrieb, der vor allem in den neuen Bundesländern bekannt ist. Seit 50 Jahren werden hier Schokoküsse und andere Schaumsüßigkeiten hergestellt. Die „Grabower Küsschen" genießen in Ostdeutschland Kult-Status.

1996 drohte dem Süßwarenhersteller – wie vielen Ost-Betrieben nach der Wende – fast das „Aus". Dann übernahm Otto Lithardt, Geschäftsführer der Ruhrkrone Waffel- und Süßwaren GmbH im westfälischen Herten, das krisengeschüttelte Unternehmen. Seitdem stehen die Zeichen auf Wachstum und Innovation: Hinter den Dickmann's gelten die Grabower Küsschen heute als die Nummer zwei auf dem Markt.

Gebäck und Kekse

Aldi Nord	Aldi Süd
Coverna Jaffa Cake	**Coverna Jaffa Cake**
Coverna GmbH, 56751 Polch	Coverna GmbH, 56751 Polch

Wollen Sie einen Blick hinter die Kulissen der Firma Coverna werfen? Dann dürfte Sie folgender Eintrag im Handelsregister von Andernach interessieren: *„Coverna GmbH ist ein Großhandel mit Süßwaren. Das Unternehmen arbeitet in enger Verbindung mit der an gleicher Anschrift bestehenden Firma* ***Griesson de Beukelaer GmbH & Co. KG*** *zusammen."*
Und um es noch deutlicher zu machen: Als Gesellschafter/Eigentümer wird ebenfalls die Griesson de Beukelaer GmbH & Co. KG genannt.
Branchenkenner wundern sich über diese Besitzverhältnisse nicht. Unter den Gebäckherstellern ist es längst bekannt, dass Griesson seit über 30 Jahren kontinuierlich mit Aldi zusammenarbeitet.

Wie die Prinzenrolle zu Griesson kam

Griesson war ursprünglich eine Lebkuchenfabrik. Um sich vom Saisongeschäft unabhängig zu machen, beauftragte Firmenchef Heinz Gries Ende der 70er Jahre seine Produktentwickler, einen Ganzjahresartikel zu kreieren. Die innovativen Mitarbeiter ersannen den so genannten Soft Cake, ein Eigebäck mit Orangenfruchtfüllung und Schokolade. Mit diesem Gebäck landete die Firma einen großen Coup, Griesson wurde zum etablierten Kekshersteller.
Ende der 90er Jahre klopfte Danone an die Tür und warb mit einer interessanten Mitgift um Partnerschaft: Die Danone-Tochter General

Biscuits produzierte die Prinzenrolle. Der Deal kam zustande und seitdem halten Griesson de Beukelaer und Danone unter einem gemeinsamen Dach ein breites Spektrum an Markenartikeln parat, neben der Prinzenrolle und dem Soft Cake beispielsweise auch „Tuc" und „Leicht und Cross".

Zur Auslastung der Anlagen setzt das Unternehmen jedoch auch stark auf die Produktion von No-Names. Die Fachpresse vermutet, dass Griesson de Beukelaer rund ein Drittel seines Umsatzes über Handelsmarken erzielt.

Aldi Nord	Aldi Süd
American Cookies O.Z.F. Bakkerij B.V., Postbus 119, 4900 AC Oosterhout, Holland	**New Orleans American Style Chocolate Chip Cookies** Coverna GmbH , 56751 Polch

Eine interessante Sache: Bei den American Cookies lässt sich nur Aldi Süd von Coverna beliefern. Und Coverna ist – wie Sie eben bei den Soft Cakes erfahren haben – eine Tochtergesellschaft von **Griesson de Beukelaer**.

Unter der Bezeichnung „Chocolate Mountain Cookies“ stellt Griesson de Beukelaer das entsprechende Markenprodukt her. Ein äußerst erfolgreiches Gebäck mit amerikanischem Touch: krosses Mürbgebäck, üppig mit Schokoladenbröckchen bestückt.

An diesen Erfolg knüpft die Aldi-Variante nahtlos an. Vergleichen Sie doch einmal die Zutatenliste der Aldi-Kekse und der original Griesson-Kekse: Sie werden keinen Unterschied finden. Die Inhaltsstoffe sind in gleicher Reihenfolge und gleicher Mengenangabe angegeben. Warum diese perfekte Kopie jedoch nur bei Aldi Süd im Regal liegt, bleibt Geheimnis der Chef-Einkäufer. Aldi Nord jedenfalls hat bei den Schoko-Cookies ein holländisches Unternehmen unter Vertrag genommen, die **O.Z.F. Bakkerij B.V.**.

Die identische Zutatenliste:

Choco Bistro New Orleans American Style Chocolate Chip Cookies

Zutaten: Zucker, Weizenmehl, Kakaomasse, pflanzliches Fett, Butter, flüssiges Vollei, Weizenstärke, Glucosesirup (Weizen), Kakaobutter, Hafermehl, Magermilchpulver, Butterreinfett, Backtriebmittel: Dinatriumdiphosphat und Natriumhydrogencarbonat, pflanzliches Öl , Karamelzuckersirup, Salz, Emulgator: Sojalecithin, Vollmilchpulver, Aroma, Hühnereiklarpulver.

Griesson Chocolate Mountain Cookies

Zutaten: Zucker, Weizenmehl, Kakaomasse, pflanzliches Fett, Butter, flüssiges Vollei, Weizenstärke, Glucosesirup (Weizen), Kakaobutter, Hafermehl, Magermilchpulver, Butterreinfett, Backtriebmittel: Dinatriumdiphosphat und Natriumhydrogencarbonat, pflanzliches Öl , Karamelzuckersirup, Salz, Emulgator: Sojalecithin, Vollmilchpulver, Aroma, Hühnereiklarpulver.

Aldi Nord	Aldi Süd
Kurpfalzrolle Doppelkeks	**Monarc Doppel Keks**
hig Hagemann GmbH & Co. KG, Postfach 14 51, 48575 Gronau	Flämische Keksfabrik GmbH, 47906 Kempen

Von der Aldi-Nord-Kurpfalzrolle lacht ein schmucker Reitersmann mit Dreispitz-Hut und will mit seinem Outfit sicher an das Vorbild auf der Prinzenrolle erinnern. Trotzdem gibt es hier keinen gemeinsamen Ursprung von „Original und Fälschung". Die Kurpfalzrolle stammt von **hig**, einem Gebäck- und Kuchenhersteller aus Gronau. Anders sieht es bei Aldi Süd aus. Hier kommt wieder **Griesson de Beukelaer** zum Zug. Auch wenn Sie von der Flämischen Keksfabrik noch nie etwas gehört haben: „Klick" dürfte es jedoch machen, wenn Sie deren ursprünglichen Namen hören. Früher hieß sie „Flämische Keksfabrik E. de Beukelaer" und ist somit die Heimat der beliebten Prinzenrolle.

Vor kurzem feierte man in Kempen am Niederrhein das 50jährige Bestehen der Prinzenrolle. Doch in keiner der Festreden wurde erwähnt, dass man im eigenen Haus nicht nur das Original produziert, sondern auch ein entsprechendes No-Name-Produkt. Jedenfalls werden Sie eine kleine Überraschung erleben, wenn Sie das Kleingedruckte auf dem Doppelkeks aus der Aldi-Süd-Filiale mit der original Prinzenrolle vergleichen. Die Nährwertkennzeichnung stimmt komplett überein und auch bei der Zutatenliste fällt es schwer, Unterschiede auszumachen.

Aldi Nord	Aldi Süd
van Botta Butterkeks	**Monarc Butterkeks**
Feurich GmbH, Postfach 664, Hannover	Feurich GmbH, Postfach 664, Hannover

Die Feurich GmbH sitzt in Hannover … und eigentlich erübrigt sich bei der Erwähnung dieses Ortes jede weitere Erklärung. Hannover ist Bahlsen und natürlich gehört auch Feurich zu **Bahlsen**. Im Handelsregister der Stadt gibt es dazu folgenden Eintrag: *„Die Feurich GmbH zählt zur Firmengruppe Bahlsen GmbH & Co. KG (Süßgebäck-Sparte) und arbeitet in Raum- und Personalunion innerhalb dieser Gruppe."* Bahlsen und das Thema Handelsmarken – eine schwierige Geschichte, die bezeichnend für die ganze Lebensmittelbranche ist. Auf der einen Seite sieht sich Bahlsen am liebsten als Markenartikler und versichert auch gegenüber der Presse: *„Wir wollen uns nicht mit den Billigheimern messen. Bahlsen ist keine Schnäppchen-Marke."* Auf der anderen Seite ist Bahlsen gern gesehener und langjähriger Vertragspartner von Aldi & Co.

Dass Bahlsen nur ungern mit Handelsmarken in Verbindung gebracht wird, hat natürlich auch mit der Tradition des Hauses zu tun. Schließlich zählt der legendäre Leibnitz-Keks, der schon 1891 produziert wurde, auch heute noch zu einem der bekanntesten Markenartikel Deutschlands. Doch es wird zunehmend schwerer, eine Packung original Leibnitz-Butterkekse für rund einen Euro zu verkaufen, wenn ein ähnliches Produkt für weniger als die Hälfte bei Aldi im Regal liegt.

Wenn Sie Wert auf die „52" Zähne eines echten Leibnitz-Kekses legen, müssen Sie natürlich zum Original greifen. Doch ansonsten sind sicher auch die Feurich-Alternativen von hoher Qualität.

Neben der Feurich GmbH besitzt Bahlsen im niedersächsischen Schneverdingen übrigens noch eine weitere Gebäckfabrik, die sich

fast ausschließlich dem Privat-Label-Geschäft widmet: die Firma Gottena. Hier werden im Dreischichtbetrieb zu 90 Prozent Eigenmarken für den Lebensmittelhandel produziert. Gottena gilt als einer der europaweit führenden No-Name-Anbieter für Gebäck und Waffeln.
Obwohl Gottena und Feurich zwei sehr erfolgreiche Unternehmenssparten von Bahlsen sind, wird über diese Firmenzweige in der Öffentlichkeit kaum ein Wort verloren. Auf Pressekonferenzen wird stets die Marke in den Mittelpunkt gerückt. Anstatt über den Umsatz von Gottena zu reden, ließ das hannoversche Familienunternehmen im Januar 2005 beispielsweise lieber verlauten, dass man im laufenden Jahr allein in Deutschland 20 Millionen Euro in die Werbung seiner Top-Artikel stecken werde. Die Investitionen würden je zur Hälfte auf die Marken Leibnitz und Bahlsen fallen.
Der weltweite Bahlsen-Umsatz liegt nach eigenen Angaben bei rund 534 Mio. Euro.

➤ Weitere Produkte von der Feurich GmbH:
A la Carte Gebäck & Waffelmischung, Choco Bistro Choco Röllchen, Choco Bistro Palazzo Butterkeks mit Vollmilch-Schokolade, Choco Bistro Choco Waffeln.

No-Names spielen kaum eine Rolle?

Alles deutet darauf hin, dass Bahlsen beim Discounter-König Aldi dick im Geschäft ist. Und zwar nicht nur mit Gebäck, sondern auch mit Chips, wie Sie im Kapitel über pikante Knabberartikel nachlesen können. Trotzdem spielt Firmenchef Werner M. Bahlsen die Bedeutung dieses Umsatzpotenzials gerne herunter: *„Handelsmarken werden nur in sehr geringem Ausmaß hergestellt“*, ist sein Lieblings-Statement gegenüber den Medien.

Molkereiprodukte

Aldi Nord	Aldi Süd
Milsani Reine Buttermilch	**Milfina Reine Buttermilch**
T.M.A. GmbH, 86850 Fischach	T.M.A. GmbH, 86850 Fischach
Veterinärkontrollstempel:	Veterinärkontrollstempel:
D SN 016, D BY 103, D BY 718	D SN 016, D BY 103, D BY 718

Alles Müller – oder was? Bei einer ganzen Reihe von Aldi-Molkereiprodukten trifft dieser Spruch ins Schwarze. **Müllermilch**, Deutschlands größte Privatmolkerei mit einem Jahresumsatz von rund 1,8 Milliarden Euro, ist langjähriger Aldi-Lieferant und wickelt die Geschäfte über seine Großhandelsgesellschaft T.M.A. ab.

Neben Buttermilch stammen beispielsweise die probiotischen Biac-Joghurts mit dem Ballaststoff Oligofructose von Müller.

Da die Molkerei Alois Müller mittlerweile drei große Produktionsstätten hat – neben dem Stammhaus in Aretsried einen Betrieb in Sachsen und die Staatliche Molkerei Weihenstephan – sind auf der Verpackung oft alle drei Veterinärkontrollstempel angegeben. Aus

welchem Betrieb das jeweilige Produkt dann genau stammt, können Sie auf dem Alu-Deckel ablesen. Zusammen mit dem Mindesthaltbarkeitsdatum wird hier die Produktionsstätte angegeben.

➤ Weitere Produkte von T.M.A.:
Genussdessert Grazil 0,1 % Fett, Biac Probiotisches Dessert, Biac pur, Cremadiso Fruchtjoghurt.

Aldi Süd	Aldi Süd
Desira Fruchtjunior, Frischkäsedessert	**Desira Fruchtjunior, Frischkäsedessert**
Lactona GmbH, Richard-Reitzner-Allee 1, 85540 Haar	MBP Milchprodukte GmbH, Wimpfener Str. 125, 74078 Heilbronn
Veterinärkontrollstempel: D MV 001	Veterinärkontrollstempel: D BW 020

Wundern Sie sich nicht, dass wir bei diesem Beispiel ausschließlich Aldi-Süd-Beispiele vorstellen. Bei Aldi-Nord haben wir schlichtweg keine Fruchtjuniors gefunden.
Interessant ist die Sache trotzdem: Obwohl die Verpackungen der Fruchtjuniors fast identisch sind, stammen sie von zwei verschiedenen Herstellern. Den prominentesten fanden wir in einer Aldi-Süd-Filiale in Mülheim an der Ruhr. Offiziell fungiert eine Lactona GmbH als Produzent, doch der Veterinärkontrollstempel spricht Bände: Es ist die gleiche Nummer wie auf den original Fruchtzwergen von **Danone** – nämlich D MV 001.
Danone hat nach der Wende in Mecklenburg-Vorpommern die Milchwerke Hagenow aufgekauft und lässt hier seine eigenen Marken ebenso vom Band laufen wie No-Name-Produkte.

Der zweite Fruchtjunior-Hersteller – das Produkt haben wir bei Aldi Süd in Ingolstadt gekauft – ist eine so genannte MBP Milchprodukte GmbH in Heilbronn. Dahinter steckt die **Campina AG**, jener niederländische Molkerei-Gigant, zu dem auch so bekannte Marken wie Landliebe, Tuffi oder Südmilch zählen.

Aldi Süd

Desira
Vanilla Quark-Dessert
Milchfrisch Vertriebs-GmbH,
87770 Oberschönegg
Veterinärkontrollstempel:
D BY 727

Aldi Süd

Desira
Vanilla Quark-Dessert
MBP Milchprodukte GmbH,
Wimpfener Str. 125,
74078 Heilbronn
Veterinärkontrollstempel:
D NW 401

Noch ein Produktbeispiel, das wir von zwei verschiedenen Herstellern nur bei Aldi Süd fanden.
Sie kennen doch den Slogan: „Ehrmann – keiner macht mehr an“. Die Molkerei **Ehrmann** im bayerischen Oberschönegg wirbt damit für seine Molkereispezialitäten. Testen Sie doch einmal, ob Sie nicht auch das Desira Aldi-Dessert „anmacht“. Denn Ehrmann produziert

nicht nur unter dem eigenen Label, sondern ist bei einer ganzen Reihe von Handelsketten auch als No-Name-Produzent gelistet. Statt Ehrmann steht dann eine so genannte Milchfrisch Vertriebs-GmbH auf der Verpackung.

Eines der beliebtesten Ehrmann-Produkte ist der Früchtetraum – ein Dessert mit locker aufgeschlagenem Speisequark und unterlegten Früchten. Für Aldi produziert Ehrmann ein „Double" in ähnlicher Aufmachung.

Der zweite Hersteller ist – wie bei den Fruchtjuniors – die Firma **Campina**. Das No-Name-Geschäft läuft über die „MBP Milchprodukte GmbH" in Heilbronn.

➤ Weitere Produkte von der MBP Milchprodukte GmbH:
Desira Sahnepudding, Sahnekefir auf Frucht, Sahnejoghurt mild, Via Veneto Schoko-Vanilla-Pudding, Crisp Joghurt mit Schokoperls, Desira fettarmer Joghurt mild.

Aldi Nord	Aldi Süd
Grüne Aue Premium **Schoko-Creme auf Sahne** Grüne Aue Molkerei, Postfach 10 19 90, 47439 Moers/Niederrhein Veterinärkontrollstempel: D NW 303	**Desira** **Milch & Haselnuss-Dessert** Zoma, 89312 Günzburg Veterinärkontrollstempel: D BY 721

In Moers am Niederrhein gibt es nur eine große Molkerei, und das ist die Firma **Onken**. Lassen Sie sich also von dem Fantasienamen

Die Firma Zoma, die auf dem Aldi-Dessert angegeben ist, kennen Sie besser unter dem Namen **Zott**. Zott ist kein „Global

„Grüne Aue“ nicht auf falsche Pfade leiten.

Onken ist ein über 100-jähriges Traditionsunternehmen, das mit zahlreichen Joghurt- und Quarkspezialitäten im Kühlregal der Supermärkte vertreten ist. Bekannt sind zum Beispiel die Schoko-Wölkchen oder die mit Getreide angereicherten Fruchtjoghurts.

Im Jahr 2004 endete bei Onken die Ära als selbstständiges Familienunternehmen: Die Molkerei aus Moers wurde vom Bielefelder Konzern **Dr. August Oetker Nahrungsmittel KG** geschluckt. Mit Onken will Dr. Oetker die Kühlregale erobern, wie ein Sprecher anlässlich der Übernahme erklärte: *„Bisher waren wir im Frischebereich fast nicht tätig, mit Onken ändert sich das grundlegend.“*

➤ Weitere Produkte von der Grüne Aue Molkerei:
Fruchtquark mit Schokoraspeln, Vanille-Creme auf Sahne.

Player“, sondern ein bayerisches Familienunternehmen mit Sitz in Mertingen und Günzburg. Unter dem Markennamen Monte hat Zott ein überaus erfolgreiches Milchdessert auf den Markt gebracht, das vor allem bei Kindern beliebt ist.

Ein ähnliches Pendant aus dem Hause Zott finden Sie bei Aldi-Süd mit der schlichten Bezeichnung Desira Milch & Haselnuss-Dessert. Die Zusammensetzung des Monte- und des Desira-Produkts ist nicht identisch, aber doch recht ähnlich.

Bei Aldi ist Zott auch mit einem Fruchtjoghurt aus entrahmter Milch vertreten, der mit nur 0,1 % Fett stark an das Zott-Markenprodukt Jogolé erinnert.

➤ Weitere Produkte von Zoma:
Desira Premium Joghurt mild, Fruchtjoghurt 0,1 % Fett.

Aldi Nord	Aldi Süd
Ursi Sahne Milch Reis HUM eG, 48351 Everswinkel Veterinärkontrollstempel: D NW 508	*In Aldi-Süd-Filialen fanden wir keinen Milchreis.*

Hinter der Bezeichnung HUM steht die **Humana Milchunion**. Bekannte Humana-Marken sind unter anderem Ravensberger oder Sanobub.

Kürzlich machte die Molkerei mit Sitz in Everswinkel von sich Reden, weil sie eine geplante Fusion mit Nordmilch platzen ließ. Humana Milchunion und Nordmilch sind die beiden größten Molkereigenossenschaften. Durch die neue Verbindung sollte ein Molkereikonzern mit einem Jahresumsatz von rund 4,9 Mrd. Euro entstehen, der sich international besser behaupten kann.

Nach den geplatzten Verhandlungen glauben Branchenkenner, dass Humana zu einem Kaufkandidaten eines Großkonzerns werden könnte. Als mögliche Interessenten werden die dänisch-schwedische Arla Foods oder die holländische Campina AG gehandelt.

Wenn Sie beim Namen „Humana“ zuerst an Babynahrung, und nicht an Molkereiprodukt denken, liegen Sie natürlich ebenso richtig: Die Humana GmbH mit Sitz in Herford ist eine Firmensparte der Humana Milchunion.

Eiscreme

Aldi Nord	Aldi Süd
Mucci Premium MiniMix Tivau Tiefkühlvertrieb GmbH, Thoner Weg 3, 90425 Nürnberg Veterinärkontrollstempel: D BY 544	**Grandessa Premium Stieleis Bourbon-Vanille mit Milchschokolade** Cassie Eiskrem GmbH & Co. KG, 52518 Heinsberg Veterinärkontrollstempel: D NW 404

Unter Aldi-Kennern ist es längst bekannt: Die Firma **Schöller** liefert einen Teil des Eiscreme-Sortiments. Vermarktet werden die Produkte über die Nürnberger Tiefkühlvertriebsfirma Tivau.

Schöller ist einer der ältesten Eiscremehersteller in Deutschland. Theo Schöller soll im Jahr 1935 sein erstes Eis am Stiel genascht haben und davon so begeistert gewesen sein, dass er eine eigene kleine Eisfabrik in Nürnberg gründete. Heute gehört Schöller zu **Nestlé**, dem weltweit größten Nahrungsmittelkonzern.

Schöller produziert eine ganze Reihe bekannter Eissorten, allen voran das beliebte Mövenpick-Eis und die Marke Manhattan.

Zum Stichwort No-Name-Produkte lässt Nestlé verlauten, dass dieser Geschäftsbereich für den Konzern nur „Randbedeutung" habe. Bei unserem Aldi-Süd-Beispiel ist die Produktion für Aldi sicher kein Randgeschäft. Das Grandessa Stieleis wird über die Tochterfirma „Cassie" von **Rosen Eiskrem** in Heinsberg produziert, einem Familienunternehmen, das sich ganz auf die Herstellung von Eigenmarken für den Handel spezialisiert hat.

Aldi Nord	Aldi Süd
Mucci Premium-Eiskrem Vanille, mit Sahne verfeinert Prima Eis GmbH, Eduard-Pestel-Str. 15, 49080 Osnabrück Veterinärkontrollstempel: D NI 087	**Grandessa Premium Eiskrem Vanille mit echter Bourbon-Vanille** Nordmilch eG, 27404 Zeven Veterinärkontrollstempel: D NI 014

Bei Aldi gibt es die Riesenpackung Vanilleeis für rund zwei Euro. 2,5 Liter sind in den Behältern enthalten. Kein „Billig-Eis", sondern Premium-Eis, das sich durch eine besonders hochwertige Zusammensetzung auszeichnen muss, wie beispielsweise durch den Zusatz von Sahne oder die Verwendung von echter Bourbon-Vanillle.

Hinter der Prima-Eis GmbH bei Aldi Nord steckt ein internationaler Eiscremeproduzent, die Firma **Roncadin** in Osnabrück. Roncadin selbst wird Ihnen kein Begriff sein – der Betrieb entstand in den 70er Jahren aus einer kleinen italienischen Eisdiele. Heute hat das Unternehmen über 1 000 Mitarbeiter.

Unter Fachleuten genießt Roncadin einen Ruf als anerkannter Eiscremespezialist und verweist auf beste Referenzen: In Lizenz werden hier beispielsweise alle Landliebe-Eissorten produziert, aber auch die Dr. Oetker „Schatztruhe" und Dr. Oetker „Nasch".

Das Vanilleeis bei Aldi Süd wird von der **Nordmilch eG** hergestellt, einer der ganz großen Molkereigruppen in Deutschland mit 15 angeschlossenen Molkereien. Nordmilch vertreibt unter dem Label Botterbloom eine eigene Eismarke, zudem liefert die Genossenschaft für Aldi auch Milsani-Milch.

Cornflakes und Müsli

Aldi Nord	Aldi Süd
Gletscherkrone Cornflakes FB-Vertrieb, Postfach 16 60, 21306 Lüneburg	**Knusperone Cornflakes** De-Vau-Ge Gesundkostwerk, Postfach 16 60, 21306 Lüneburg

Eine ungewöhnliche Geschichte: Cornflakes & Co. lässt sich Aldi von einer Firma mit religiösem Background produzieren, der **De-Vau-Ge Gesundkostwerk**. Bei Aldi Nord steht zwar der Name FB-Vertrieb auf dem Etikett, doch das ist lediglich eine Tochtergesellschaft der De-Vau-Ge.

Die De-Vau-Ge ist ein Unternehmen der Gemeinschaft der Siebenten-Tags-Adventisten. Vor über 100 Jahren wurde die Firma mit dem Ziel gegründet, *„die grundlegenden Prinzipien einer gesunden Lebensweise zu fördern"*.

Für Aldi produziert die Lüneburger Firma mit über 700 Beschäftigten 15 verschiedene Cerealien. Neben Cornflakes zum Beispiel auch Zimt-Chips, Nougat-Bits, Fruit-Rings oder Honey-Balls. Aber auch Honig, einige Müsliriegel und Brotaufstriche kommen von De-Vau-Ge.

Kellogg's Rauswurf bei Aldi

„Nur wo Kellogg's draufsteht, ist auch Kellogg's drin." Zu diesem Werbeslogan gibt es eine Vorgeschichte, die auch mit Aldi zu tun hat:

Lange Zeit waren die Kellogg's Cornflakes als Markenprodukt bei Aldi gelistet. Im Hause Aldi ging man davon aus, dass bei Cornflakes das Markenbewusstsein besonders hoch sei (ähnlich wie bei den Haribo-Produkten) und No-Names folglich keine Chance hätten.

Dann – vor gut fünf Jahren – kam die Trendwende. Der Discounter beschloss, das Sortiment noch stärker auf Eigenmarken auszurichten. Platzhirsch Kellogg wurde daraufhin aus den Läden verbannt.
Die Firmenleitung der deutschen Kellogg-Zentrale in Bremen steckte nun in der Klemme: Um bei Aldi nicht ganz aus dem Rennen zu sein, lieferte man laut Recherchen der „Lebensmittelzeitung" kurzfristig eine Handelsmarke an den Discounter. Das wiederum brachte den amerikanischen Mutterkonzern auf die Palme: Schließlich hatte Kellogg weltweit den Grundsatz herausgegeben, keine Handelsmarken herzustellen.
So blieb Kellogg letzten Endes nichts anderes übrig, als bei Aldi komplett auszusteigen – ein Rückzug, der den Konzern angeblich rund 10 Prozent Marktanteil gekostet haben soll.

Aldi Nord	Aldi Süd
Gletscherkrone Früchte-Müsli Premium Mönnich GmbH, Postfach 31 03 60, 34059 Kassel	**Knusperone Früchte-Müsli Premium** De-Vau-Ge Gesundkostwerk GmbH, Postfach 16 60, 21306 Lüneburg

Recherchiert man nach dem Müslihersteller von Aldi, so taucht immer wieder der Name Schneekoppe auf. Gegenwärtig fanden wir dafür allerdings keine entsprechenden Anhaltspunkte. Aldi Nord lässt sich von der Firma **Mönnich** beliefern, einem Spezialisten für Eigenmarken mit Sitz in Kassel. Und Aldi Süd hat sich wie bei den Cornflakes für **De-Vau-Ge Gesundkostwerk** entschieden.
Trotzdem ist es möglich, dass **Schneekoppe** zeitweise bei Aldi mit im Boot sitzt. Die Firma räumt jedenfalls ein, neben der eigenen

Marke auch Handelsmarken zu produzieren. Und auch im Internet hält sich hartnäckig das Gerücht, dass das Gletscherkrone-Müsli von Schneekoppe stamme. Wahrscheinlich stehen mehrere Hersteller für Aldi parat und der Discounter lässt sich mal von dem einen, mal von dem anderen beliefern.

Backwaren

Aldi Nord	Aldi Süd
Goldähren Knäckebrot	**Sesamknäcke**
good food GmbH, Niegripper Chaussee 7, 39288 Burg	Harvester Wholefoods, Stockport, Cheshire SK6 2SA, England

Die unbekannte Firma „good food" hat die gleiche Anschrift wie der Knäckebrothersteller „Burger": Niegripper Chaussee 7, 39288 Burg. Somit dürfte klar sein, dass das Aldi-Nord-Knäckebrot aus dem Hause **Burger** stammt.

In den neuen Bundesländern ist die Firma bestens eingeführt: Das Burger Knäckebrot gilt hier als Marktführer. Das traditionsreiche Unternehmen hat – wie viele Betriebe aus den neuen Bundesländern – nach der Wende eine wechselvolle Geschichte hinter sich. Innerhalb von sieben Jahren standen vier Besitzerwechsel an. Der Knäckebrothersteller wurde zum Spielball verschiedener Investorengruppen. Seit dem Jahr 2001 gehört Burger schließlich zum Zwieback-Riesen **Brandt**.

In Aldi-Süd-Filialen fanden wir zwei verschiedene Hersteller: die britische Firma **Harvester Wholefoods**, aber auch die **Mecklenburger Süßwaren Vertriebs GmbH**.

Aldi Nord	Aldi Süd
Goldähren Buttertoast	**Goldähren Buttertoast**
Wefa-Brot GmbH, Frohnhofstr. 22, 52146 Würselen	Harry-Brot GmbH, 22859 Schenefeld

Brot – ein absoluter Frischeartikel – stammt je nach Region von unterschiedlichen Großbäckereien. Unsere Beispiele geben daher nur einen kleinen Teil des Marktes wieder.
Unter der Homepage www.wefa-brot.de finden Sie zwar das Portrait einer Großbäckerei, doch tatsächlich scheint hinter dieser Firma ein ganz anderer Produzent zu stehen: die **Kronenbrot KG**.
Wefa und Kronenbrot haben jedenfalls die gleiche Adresse: Fronhofstr. 30, 52146 Würselen. Und im Handelsregister der Stadt Aachen erfährt man Details: *„Tätigkeitsgegenstand der Wefa GmbH war ursprünglich die Herstellung und der Vertrieb von Brot-, Back-, Konditor- und Süßwaren aller Art. Heute ist das Unternehmen nur noch eine Vertriebsgesellschaft der Firma Kronenbrot KG.“*
Den Aldi-Süd-Lieferant kennen Sie alle: Es ist Deutschlands größter Backwaren-Produzent, die **Harry-Brot** GmbH aus Schenefeld, die beispielsweise auch die Aufbackbrötchen für den Discounter liefert.

Aldi-Christstollen fand Wolfram Siebecks Gefallen

Die Wochenzeitung „Die Zeit“ startete vor zwei Jahren einen großen Christstollen-Test. Eine fünfköpfige Jury, angeführt von Feinschmecker Wolfram Siebeck, testete 15 Stollen aus Handwerks- und Industriebetrieben auf Aussehen, Konsistenz, Geruch und Geschmack.
Mit dabei war ein Butterstollen von **Wefa** – jenem Haus- und Hoflieferant von Aldi, der den Discounter neben Brot teilweise auch mit Kuchen und Saisongebäck versorgt.

Das Ergebnis der honorigen Runde sorgte für reichlich Schmunzeln in der Branche: Der Aldi-Stollen – mit 2,30 Euro pro Kilo das weitaus günstigste Produkt – erreichte immerhin Platz fünf und landete somit im vorderen Drittel. Der teuerste Stollen mit rund 20 Euro das Kilo wurde auf Platz sechs verwiesen.
Nach diesem Testergebnis, so kolportierten daraufhin die Medien, machte sich so mancher Aldi-Kunde auf den Weg, um für die weihnachtliche Kaffeetafel das entsprechende Gebäck zu besorgen. Viele wurden aber nicht fündig: Den Wefa-Christstollen gab es nur in der nördlichen Aldi-Welt …

Aldi Nord	Aldi Süd
Mandelhörnchen F.A. Crux GmbH & Co. KG, Postfach 10 01 41, 52001 Aachen	**Mandelhörnchen** Bäckerei Merzenich, 50735 Köln

Wenn Sie Gebäck, Printen oder Lebkuchen mögen, kennen Sie sicher die Firma **Lambertz** aus Aachen, ein Familienunternehmen mit über 300-jähriger Tradition. Und wahrscheinlich haben Sie auch den umtriebigen Firmenchef bei einem seiner wohl inszenierten Fernsehauftritte schon mal gesehen: Dr. Hermann Bühlbecker.
Der Bundesverdienstkreuzträger und Unternehmer des Jahres 2002 hat seinen Betrieb durch massive Zukäufe zu einem der ganz großen Gebäckhersteller gemacht. Beispielsweise gehören die Lebkuchenfabriken Haeberlein-Metzer, Weiss oder Kinkartz zu Lambertz.
Berührungsängste mit Discountern hat Hermann Bühlbecker nicht. Über die Tochterfirma F.A. Crux beliefert er die Aldi-Brüder.

Süße Brotaufstriche

Aldi Nord	Aldi Süd
Marmelinchen Fruchtaufstrich Jacobi Scherbening GmbH & Co. KG, 33054 Paderborn	**Grandessa Konfitüre extra** W.L. Ahrens GmbH & Co. KG, 33054 Paderborn

Fast alle süßen Brotaufstriche bei Aldi kommen aus Paderborn. Die Postleitzahl ist stets dieselbe, nur die Herstellernamen weichen voneinander ab. Mal steht da Jacobi Scherbening, mal W.L. Ahrens, mal Schwabenfrucht Konserven-Vertriebs GmbH ... Lassen Sie sich von diesem Einfallsreichtum bei der Namensgebung nicht ins Boxhorn jagen: In allen Fällen steht die Firma **Stute** dahinter.

Stute ist ein ebenso großes wie verschwiegenes Unternehmen. Es dringen kaum Informationen an die Öffentlichkeit.

Statt eine eigene Marke zu etablieren, ist das Paderborner Unternehmen langjähriger Haus- und Hoflieferant bei Aldi für Konfitüren und Fruchtsäfte. Bestätigt wird die Firmenbeziehung zwischen Aldi und Stute durch folgende Notiz des Landesverbandes NRW der Lebensmittelkontrolleure: *„Der Bezirksverband Detmold führte eine Fortbildung zum Thema Fruchtsaft und Konfitüren durch. Die Fortbildung fand bei der Stute Nahrungsmittelwerke GmbH & Co. KG in Paderborn statt. Stute zählt zu den führenden Fruchtsaftherstellern in Europa. Neben Fruchtsäften werden u.a. Nuss-Nougat-Creme, Obst- und Gemüsekonserven und Konfitüren hergestellt. Die Produkte werden überwiegend über die Aldi-Märkte vermarktet.“*

Branchenbeobachter haben die Abhängigkeit der Firma Stute von Aldi lange Jahre mit mitleidigen Blicken verfolgt. Heute spricht man stattdessen von einer *„Vernunftehe zum beiderseitigen Nutzen“* und zollt dieser langjährigen Verbindung zwischen Handel und Produzent Respekt.

➤ Weitere Produkte von Stute:
Tamara-Konfitüren, Imker-Honig, zahlreiche Fruchtsäfte, Eis-Tee.

Aldi Nord	Aldi Süd
Nusskati Nuss-Nugat-Creme	**Nutoka Nuss-Nugat-Creme**
Schwabenfrucht Konserven-Vertriebs GmbH, 33054 Paderborn	Wilhelm Reuss GmbH & Co. KG Lebensmittelwerk, 12057 Berlin

Die Firma Schwabenfrucht Konserven-Vertriebs GmbH gehört zum Paderborner Brotaufstrichspezialist **Stute**, wie Sie eben schon bei der Konfitüre nachlesen konnten.

Interessanter ist die Sache bei Aldi Süd. Hier wurde ein anderer Lieferant für die Nuss-Nugat-Creme unter Vertrag genommen: der Eigenmarkenspezialist Wilhelm Reuss aus Berlin. Den Namen Reuss werden Sie nicht kennen, wohl aber eine ganze Reihe von namhaften Tochterfirmen. Die Verflechtungen sind hier komplex: Zu Wilhelm Reuss gehören unter anderem Winsenia, Trumpf-Schokolade und die Kakaopulvermarke Cebe.

1987 wurde Wilhelm Reuss von der **Krüger-Gruppe** übernommen, jedem Instantproduktehersteller, für den der Komiker Mike Krüger kräftig Werbung macht. Und an der Krüger GmbH wiederum hält Deutschlands drittgrößter Zuckerhersteller, **Pfeiffer & Langen**, 50 Prozent Besitzanteile.

In Internet-Verbraucherforen schneidet Nutoka übrigens recht gut ab, wenn es um einen Geschmacksvergleich der Top-Marke Nutella mit ihren Billig-Varianten geht.

Käse

Aldi Nord	Aldi Süd
Flora Danica Dänischer Frischkäse	**Beneval Dänischer Frischkäse**
Danland Foods, DK-8260 Viby J	Danland Foods, DK-8260 Viby J
Veterinärkontrollstempel: DK – M 198	Veterinärkontrollstempel: DK – M 198

Wenn Sie bei Aldi zu dem unscheinbaren dänischen Frischkäse namens Flora Danica oder Beneval greifen, denken Sie wohl kaum an die bekannte Marke Buko. Doch zwischen diesen Varianten gibt es mehr Übereinstimmungen als gedacht. Gemeinsamer Hersteller aller Produkte ist **Arla Foods**, Europas größter Molkereikonzern.
Der schwedisch-dänische Lebensmittelriese beliefert viele deutsche Discounter mit Eigenmarken. Beispielsweise stammt auch der K-Classic-Frischkäse bei Kaufland von Arla Foods.

Dänisch oder deutsch?

In süddeutschen Aldi-Filialen stießen wir noch auf einen anderen Hersteller: Hier liegt kein dänischer, sondern deutscher Frischkäse im Regal. Der wärmebehandelte Beneval-Frischkäse stammte in diesem Fall von der Bayernland eG mit dem Veterinärkontrollstempel D BY 306. Doch egal, ob aus Dänemark oder Deutschland: Groß dürften die Qualitätsunterschiede nicht sein. Die industrielle Produktion von Frischkäse ist weitgehend standardisiert.

Aldi Nord	Aldi Süd
Liptana Frischkäse mit Sahne und Schnittlauch Wesa Feinkost GmbH & Co. KG, 31868 Ottenstein Veterinärkontrollstempel: D NI 107	*In Aldi-Süd-Filialen fanden wir kein entsprechendes Frischkäse-Produkt*

Der Frischkäse Petrella ist ein beliebter Brotaufstrich, der im Supermarkt sowohl an der Bedienungstheke als auch im SB-Regal zu finden ist. Offenbar will Aldi Nord an diesem Erfolg ebenfalls teilhaben und legt sich ein „Plagiat“ in die Regale, das frappierende Ähnlichkeit mit dem Original hat. Kein Wunder, stammen beide Produkte doch aus dem gleichen Haus: Sowohl Petrella als auch Liptana tragen den Veterinärkontrollstempel D NI 407, der zur **Petri Feinkost** GmbH in Glesse gehört.

Die Preisersparnis liegt bei rund 23 Prozent, wenn Sie statt zur Marke zur Aldi-Variante greifen.

Feinkostsalate

Aldi Nord	Aldi Süd
mmh ... Frischer Krautsalat Türk & Pabst GmbH, 46240 Bottrop	**Armada leckerer Weißkrautsalat** Lisner Feinkost GmbH, 46240 Bottrop

Noch nie was gehört von der Firma Türk & Pabst? Oder von der Firma Lisner Feinkost? Zugegeben, man muss schon ein bisschen suchen, um Informationen über diese Hersteller zu bekommen. Eine mögliche Fundstelle ist die Unternehmensdatenbank der Industrie- und Handelskammer Nord Westfalen. Hier tauchen beide Firmen auf, allerdings mit spärlichem Informationsgehalt. Die Betriebe leisten sich weder eine eigene Homepage noch eine E-Mail-Adresse, nur eine Telefonnummer wird angegeben. Die allerdings kann einen schon ein bisschen stutzig machen, denn es handelt sich in beiden

Fällen um die gleiche Nummer. Und die gehört eigentlich zu einem ganz anderen Unternehmen – nämlich zur **Nadler** GmbH, dem allseits bekannten Feinkost-Riesen. Schließlich finden sich beim Blick auf die Firmenadresse weitere Übereinstimmungen: Firmensitz von Türk & Pabst sowie von Lisner Feinkost ist die Scharnhölzstraße 330 in Bottrop. Und just in dieser Straße residiert eben auch Nadler.

Doch um Missverständnissen vorzubeugen: Die Zusammensetzung der original Nadler-Salate und der Aldi-Salate ist unterschiedlich. Ob nun das Original oder die Aldi-Variante Ihren Geschmack besser trifft, müssen Sie einfach ausprobieren. Sie brauchen jedoch keine Sorge haben, dass im Discounter-Salat minderwertigere Rohstoffe verarbeitet werden.

Die Firma Nadler ist übrigens kein Familienunternehmen mehr, sondern gehört mittlerweile zum britischen Lebensmittelkonzern **Uniq**. In Deutschland besitzt Nadler drei Werke: in Bottrop (Veterinärkontrollstempel EV 93), in Bremerhaven (Veterinärkontrollstempel HB – EV 036, HB – EFB 036) und im thüringischen Floh-Seligenthal (TH – EV 555, TH – EFB 555).

➤ Weitere Salate von Türk & Pabst:
Schäfersalat, Metzgersalat, Thunfischsalat, Schinken-Lauch-Salat, Kartoffelsalat, Käsesalat.

➤ Weitere Salate von Lisner Feinkost:
Fleischsalat, Nudelsalat.

Aldi Nord	Aldi Süd
Delikato Delikatess Fleischsalat Christian Wunner GmbH, 49193 Bad Laer Veterinärkontrollstempel: D EV 25	**be-light fruchtiger Geflügelsalat, fettreduziert** Voss-Feinkost, 49193 Bad Laer Veterinärkontrollstempel: D EV 25

Mit der Firma „Christian Wunner“ ist das so eine Sache: Der Name „Wunner“ geistert wie ein Phantom durch die Feinkost-Branche. Es gibt keinerlei Informationen über den Betrieb – selbst nicht in Fachzeitschriften. Ähnlich verhält es sich mit der Firma „Voss Feinkost“. Doch lassen Sie sich von diesen Firmennamen nicht irritieren: Für Sie als Verbraucher ist der Veterinärkontrollstempel entscheidend, denn er gibt den Hersteller wieder. Und der Stempel D EV 25 gehört in beiden Fällen zu **Homann**, dem deutschen Marktführer bei Feinkostsalaten. Die Geschäfte werden über verschiedene Handelsgesellschaften abgewickelt – frei nach dem Motto: Homann produziert, Voss oder Wunner vermarkten.

Vergleichen Sie doch einmal die Verpackungen: Das neue, sonnengelbe Design, das Homann sich zugelegt hat, wurde praktischerweise auch gleich für einige Aldi-Produkte übernommen.
Vielleicht haben Sie bei Fertigsalaten generell Bedenken wegen der eingesetzten Konservierungsstoffe? Diese Überlegungen sind mittlerweile fast überholt. Alle Hersteller versuchen, Zusatzstoffe so weit wie möglich zu reduzieren. „Clean label" ist das Ziel. Bei Homann, so heißt es, sind mittlerweile bereits 90 Prozent der Produkte nicht konserviert.
Im November 2004 wurde Homann übrigens von der britischen Beteiligungsgesellschaft **Henderson Private Capital** übernommen.

- Weitere Produkte von Christian Wunner:
  Heringssalat.
- Weitere Produkte von Voss-Feinkost:
  „Leichte Linie"- Eiersalat, Lyoner Wurstsalat.

Marktführer unter sich

Bei den Feinkostsalaten tummeln sich in den Aldi-Kühlregalen neben Nadler und Homann drei weitere große Lieferanten: **Hamker**, **Fügers Feinkost** und **Popp**. Hamker ist ein niedersächsiches Familienunternehmen, das seine Weichen ohnehin in Richtung No-Name-Produkte gestellt hat und neben Fertigsalaten beispielsweise auch Ketchup für Aldi produziert.
Füngers Feinkost gehört zur Unternehmensgruppe Heristo, einem deutschen Konzern, der über seine entsprechenden Firmensparten auch Suppenkonserven und Tierfutter für Aldi liefert (mehr über Heristo können Sie auf Seite 81 erfahren).
Und die Firma Popp, die zur Wernsing-Feinkost-Gruppe gehört, beliefert Aldi mit „Salatland"-Fertigsalaten unter dem Herstellernamen Dr. Schödter GmbH, Essen.

Wurstwaren

Aldi Nord	Aldi Süd
HoWe Original Nürnberger Rostbratwürste HoWe Wurstwaren KG, Regenstraße 1, 90451 Nürnberg Veterinärkontrollstempel: D EV 717	**HoWe Original Nürnberger Rostbratwürste** HoWe Wurstwaren KG, Regenstraße 1, 90451 Nürnberg Veterinärkontrollstempel: D EV 717

Hinter den Nürnberger Rostbratwürstchen von Aldi steckt ein prominenter Name: Die Firma **HoWe** ist im Besitz der Familie des Fußballmanagers Uli Hoeneß. 1984 gegründet, zählt die Firma heute zu den größten Herstellern von original Nürnberger Rostbratwürstchen.

Die HoWe-Bratwürstchen sind nicht nur bei Aldi, sondern auch bei vielen anderen Discountern gelistet. Unterschiede in Qualität oder Rezeptur gibt es dabei nicht, wie Geschäftsführer Florian Hoeneß in einem Interview betont: *„Wir machen nur ein Produkt. Eine HoWe-Bratwurst muss bei Tengelmann genauso schmecken wie bei Aldi, Plus, Netto oder wem auch immer."*

Neben dem preisbewussten Discounter-Kunden hat man bei HoWe jedoch auch den zahlungskräftigeren Gourmet im Visier. Die Bratwürstchen des Fußballmanagers werden angeblich auch im Käfer-Feinkost-Zelt auf dem Oktoberfest angeboten.

Die Bezeichnung „Nürnberger Rostbratwurst" ist übrigens EU-weit geschützt und darf nur für Wurstwaren verwendet werden, die in Nürnberg nach Originalrezept hergestellt wurden.

Fischkonserven

Aldi Nord	Aldi Süd
Andi Bratheringsfilets Hanse Feinkost GmbH, Neufelder Schanze, 27472 Cuxhaven Veterinärkontrollstempel: D NI EFB 016	**Armada Bratheringsfilets** Hanse Feinkost GmbH, Neufelder Schanze, 27472 Cuxhaven Veterinärkontrollstempel: D NI EFB 016

Die Aldi-Bratheringsfilets stammen aus der gleichen Fischfabrik, in der auch Spezialitäten der Feinkostmarke **Appel** produziert werden. Das traditionsreiche Unternehmen Appel besteht seit 125 Jahren und gehört nach einer langen Zeit der Selbstständigkeit seit 1999 zu **Heristo**, jenem großen Nahrungsmittelkonzern und Aldi-Lieferant, der auf Seite 81 näher beschrieben wird.

Die Cuxhavener Fischfabrik mit dem Veterinärkontrollstempel D NI EFB 016 gilt in der Branche als hochmoderner Vorzeigebetrieb. Appel produziert hier seit dem Jahr 2003 und spricht gar von einer *„neuen Ära"*, die mit der Verlagerung des Betriebes von Hamburg nach Cuxhaven begonnen habe.

Sie als Aldi-Kunde können sich ebenfalls freuen: Für die Produktion der Discounter-Ware gelten dann natürlich die gleichen guten Rahmenbedingungen.

Senf, Meerrettich, Ketchup

Aldi Nord	Aldi Süd
Heiden Düsseldorfer Senf v. d. Heiden Düsseldorfer Senf GmbH, Düsseldorf	**Kim Delikatess Senf** Gritto Werke, 19221 Hagenow

In Düsseldorf wird – ähnlich wie im französischen Dijon – seit Jahrhunderten Senf produziert. Bekannt ist vor allem das Traditionsunternehmen Löwensenf. Der Aldi-Hersteller „von der Heiden" ist dagegen ein unbeschriebenes Blatt – im wahrsten Sinne des Wortes. Im Business Network der Handwerkskammer Düsseldorf gibt es zu der v. d. Heiden GmbH lediglich folgende Information: Wirtschaftszweig: Herstellung von Würzmitteln und Saucen. Keine Website, keine E-Mail, kein Telefon, kein Fax. Allein die Postadresse ist gelistet: Kieshecker Weg 240, 40468 Düsseldorf. Dieses Gelände befindet sich ganz in der Nähe des Flughafens und ist unter der Düsseldorfer Bevölkerung bestens bekannt. Denn hier befindet sich auch die

Die Firma Gritto scheint in der Lebensmittelbranche ein Nobody zu sein. Gritto ist kein Mitglied im Verband der Essig- und Senfindustrie, Gritto unterhält keine Website, ja selbst etablierte Wirtschaftsdatenbanken müssen beim Stichwort Gritto passen: keine Treffer.

Um hinter die Kulissen der Gritto Werke zu schauen, hilft jedoch ein Blick ins Handelsregister des Amtsgerichtes Charlottenburg. Hier findet sich eine Eintragung aus dem Jahr 1996: *„Die Gritto-Werke verschmelzen mit der Berliner Niederlassung der **Carl Kühne KG**."* Seitdem ist das mecklenburgische Hagenow einer der fünf Kühne-Produktionsstandorte in Deutschland.

Kühne ist mit einer über 250-jährigen Tradition eines der ältesten

Produktion und Verwaltung der **Löwensenf** GmbH. Deren Firmenanschrift lautet ebenfalls: Kieshecker Weg 240, 40468 Düsseldorf …

Löwensenf ist allerdings nicht mehr eigener Herr im Haus, sondern hat seit dem Jahr 2001 einen bayerischen Teilhaber: die Münchner Firma **Develey**.

Zu Develey zählen zudem die Ost-Marke „Bautzener“ und die französische Senfmarke „Reine de Dijon“.

Familienunternehmen Deutschlands. Aus einer kleinen Essigbrauerei in Berlin entwickelte sich eine international ausgerichtete Firma mit einer großen Bandbreite an Produkten. Neben Essig und Senf macht sich Kühne auch mit Salatdressings, eingelegten Gurken oder Rotkohl einen Namen.

Aldi Nord	Aldi Süd
delikato Tafel-Meerrettich Meerrettich-Vertrieb EM, Postfach 25, 91081 Baiersdorf	*Bei Aldi-Süd wird Meerrettich nur als Aktionsware geführt.*

Das fränkische Baiersdorf in der Nähe von Erlangen gilt als die Meerrettich-Stadt Deutschlands. Die „magische Wurzel" wird hier seit über 150 Jahren im großen Stil angebaut und vermarktet. Zwei Traditionsbetriebe bestimmen das Geschehen: die Markenhersteller Schamel und Koch.

Bei der Frage, welche der beiden Firmen nun als Aldi-Lieferant in Frage kommt, hilft ein Vergleich der Postfachadresse. Nicht Koch, sondern **Schamel** hat die gleiche Anschrift wie die Meerrettich-Vertriebs EM: Postfach 25, 91081 Baiersdorf.

Auf Initiative der Familie Schamel gibt es in Baiersdorf übrigens sogar ein Meerrettich-Museum, das die Einheimischen gerne als das „schärfste Museum der Welt" bezeichnen.

Aldi Nord	Aldi Süd
Delikato Tomatenketchup Hamker Lebensmittelwerke GmbH & Co. KG, 49152 Bad Essen	**Kim Tomatenketchup** Hamker Lebensmittelwerke GmbH & Co. KG, 49152 Bad Essen

Ketchup im Hause Aldi wird von **Hamker** geliefert, einem mittelständischen Familienunternehmen aus Bad Essen, das für viele Handelsunternehmen No-Name-Saucen liefert und in diesem Bereich als Marktführer gilt. Im Jahr 2003 führte die Wiso-Redaktion im ZDF einen „Ketchup-Test" durch. Prominente und Ernährungsfachleute sollten zehn verschiedene Sorten sensorisch testen. Das Ergebnis war ein Kompliment für Kim-Ketchup von Aldi: Hinter Heinz und McDonalds kam die Discounterware auf Platz drei. *„Billig ist nicht gleich schlecht“*, lautete denn auch das Fazit der Wiso-Tester.

Vegetarische Brotaufstriche

Aldi Nord	Aldi Süd
Casa Morando Gourmet-Pastete mit Champignons De-Vau-Ge Gesundkostwerk, Postfach 16 60, 21306 Lüneburg	**Bill Collins Gourmet-Pastete mit Champignons** De-Vau-Ge Gesundkostwerk, Postfach 16 60, 21306 Lüneburg

Vegetarische Brotaufstriche gehören nicht zum Standard-Sortiment bei Aldi, liegen aber häufig als so genannte Aktionsware in den Regalen. Viele gesundheitsbewusste Verbraucher warten auf dieses Angebot, denn pflanzliche Aufstriche aus Getreide und Gemüse sind mittlerweile eine beliebte Alternative zu Wurst und Käse.

Wer sich mit dem Thema befasst, kennt die bekannten Labels Bruno Fischer, Martin Evers, Eden oder Granovita, die es im Reformhaus oder Bioladen zu kaufen gibt. Bei Aldi steht auf der Dose zwar „Casa Morando“ oder „Bill Collins“, doch der Hersteller ist bei all diesen Marken- und Billigprodukten derselbe: die **De-Vau-Ge Gesundkostwerk** GmbH in Lüneburg, ein Firma mit religiösem Engagement, die sich der Herstellung von Lebensmitteln *„für eine gesunde Lebensweise“* verschrieben hat. Auf Seite 45 sind Sie bereits bei den Cornflakes auf das Lüneburger Unternehmen gestoßen.

➤ Weitere De-Vau-Ge-Aufstriche:

Ananas-Curry, Getreide, Tomate-Basilikum, Zwiebel-Kräuter.

Margarine, Essig und Öl

Aldi Nord	Aldi Süd
Buttella bioreform Vitamin-Margarine Buttella-Werk, 49171 Hilter	**Bellasan bioreform Vitamin-Margarine** Walter Rau Lebensmittelwerke GmbH & Co. KG, 49171 Hilter

Sowohl Bellasan als auch Buttella kommen aus dem Hause **Walter Rau**, einem Familienunternehmen, das seit über 100 Jahren auf pflanzliche Öle und Fette spezialisiert ist. In den Medien wird vor allem die Marke „Deli-Reform“ beworben.
Zwischen dem Marken- und dem Discounter-Produkt gibt es zahlreiche Übereinstimmungen, zum Beispiel den Verzicht auf gehärtetes Fett, die Verwendung von Joghurt-Kulturen oder die Zugabe von Vitamin E, A und D.

Aldi Nord	Aldi Süd
Delikato Wein-Branntwein-Essig F. Feldmann GmbH & Co. KG, 76185 Karlsruhe	**Kim Wein-Branntwein-Essig** F. Feldmann GmbH & Co. KG, Bannwaldallee 40, 76185 Karlsruhe

Die Auswahl an Essigsorten ist bei Aldi recht überschaubar. Als Standardprodukt gibt es vor allem einen Wein-Branntwein-Essig, der zu einem Viertel aus Wein und zu drei Vierteln aus Branntwein gewonnen wird. Hersteller ist **Spreewald-Feldmann** aus Karlsruhe.
Die Firma Spreewald-Feldmann produziert eigentlich im brandenburgischen Lübben original Spreewald-Gurken. Zu dem Unternehmen gehört jedoch auch eine Essigbrauerei in Karlsruhe, in der seit

75 Jahren Wein zu Essig vergoren wird. Aldi ist einer ihrer großen Abnehmer.

Aldi Nord	Aldi Süd
Holstensegen Sonnenblumenöl Brölio Europe GmbH, Hafenstraße 83, 59067 Hamm	**Bellasan Sonnenblumenöl** Brölio Europe GmbH, Hafenstraße 83, 59067 Hamm

Die **Ölmühle Bröckelmann** aus dem westfälischen Hamm ist langjähriger Speiseöl-Produzent für Aldi.
Über die charakteristische 1-Liter-PET-Flasche sind die Verbraucher geteilter Meinung. In einer billigen Plastikflasche könne doch kein hochwertiges Öl stecken, mutmaßen Skeptiker. Doch aus Firmensicht gelang Bröckelmann mit diesem Gebinde erst der richtige Durchbruch. *„Die wirkliche Karriere hin zum Kunden startete mit der Abfüllung in die patentrechtlich geschützte PET-Flasche, die direkt auf unserem Firmengelände hergestellt wird“*, heißt es aus Hamm. Auf vorgefertigten Rohlingen werden die Flaschen im so genannten Streckblasverfahren hergestellt. Die Vorteile liegen nach Firmenangaben auf der Hand: Die Flasche sei ultraleicht, unzerbrechlich und biete sogar einen UV-Lichtschutzeffekt.
Für Aldi liefert Bröckelmann Sonnenblumenöl und Rapsöl. Seit sich aufgrund verbesserter Verbraucheraufklärung das Image von Rapsöl verbessert hat, deklariert die Branche diese Öl-Sorte auch offen als „Rapsöl“. Früher wurde Rapsöl gerne als „Reines Pflanzenöl“ vermarktet.

Nudeln, Kartoffelpüree und Klöße

Aldi Nord	Aldi Süd
Gourmet Bandnudeln gewalzt Schätzle GmbH, Essener Str. 4, 71332 Waiblingen	**Landvogt Beste Bandnudeln mit reinem Hartweizengrieß** T.A.G. Nahrungsmittel GmbH, 68070 Mannheim

In den Regalen von Aldi Süd finden Sie eine ganze Reihe von Nudelprodukten aus dem Hause T.A.G. Nahrungsmittel GmbH. Ein völlig unbekannter Name, den Sie sicher nicht mit Deutschlands größtem Nudelhersteller, der **Birkel AG**, verbinden würden. Doch die Richtung wäre schon in Ordnung. Die T.A.G. GmbH sitzt in der Mannheimer Franzosenstr. 9. Und hier befinden sich auch Produktion und Verwaltung von Birkel. Weitere Übereinstimmungen gibt es im personellen Bereich: Alleinvertretungsberechtigter Geschäftsführer von T.A.G. ist Dr. Werner Hildenbrand. Und just derselbe Name taucht auch im Birkel-Management auf …

Der Teigwarenhersteller Birkel hat dramatische Zeiten hinter sich. Mitte der 80er Jahre wurde das damalige Familienunternehmen wegen eines vermeintlichen Lebensmittel-Skandals fast in den Ruin gestürzt. Anfang der 90er Jahre übernahm der französische Konzern Danone die Firma.

Der Wendepunkt kam im Jahr 1999: Danone stieß das Unternehmen wieder ab – und zwar an drei Birkel-Manager, darunter Dr. Werner Hildenbrand. Unter diesem Trio erlebte Birkel seine Renaissance. Heute hat sich das Mannheimer Unternehmen wieder an die Spitze der Branche hochgearbeitet und ist unangefochtener Platzhirsch unter den Teigwarenherstellern. Keiner verkauft mehr Nudeln in Deutschland als Birkel: 110.000 Tonnen waren es

im Jahr 2004. Dafür werden täglich rund 420 Tonnen Mehl und 500.000 Eier verarbeitet. Nestlé (Buitoni) und Barilla liegen hinter Birkel auf Platz zwei und drei.
Ebenfalls zu Birkel gehören die Marken Schüle, 3 Glocken sowie das in den neuen Bundesländern bekannte Label Möwe.
Bei Aldi Nord scheint T.A.G. / Birkel nicht gelistet zu sein. Hier liefert ein weitaus kleinerer Hersteller die Teigwaren: die schwäbische Firma **Schätzle** aus Waiblingen.

Kein Mirácoli-Tag bei Aldi

Das Pasta-Gericht Mirácoli ist ein echter Klassiker unter den Convenience-Produkten. Kaum ein Lebensmittelhändler kommt „ohne" aus. Supermärkte führen das Original vom Hersteller Kraft Foods, Discounter legen sich No-Name-Imitate ins Regal.
Im Internet findet sich immer wieder der Hinweis, dass die Aldi-Spaghetti mit Tomatensauce, Würzmischung und geriebenem Käse ebenfalls von Kraft stammen würden. Für diese Spekulationen gibt es jedoch keinen Grund. Bei unseren Testeinkäufen ließ sich Aldi Süd von Birkel (T.A.G. Nahrungsmittel) beliefern. Und bei Aldi Nord kam das Fertiggericht von einem italienischen Produzenten.

Aldi Nord	Aldi Süd
Kartoffelpüree	**Kartoffelpüree**
Mecklenburger Kartoffelveredelungs GmbH, 19230 Hagenow	Dr. Willi Knoll GmbH & Co. KG, 86381 Krumbach

Bei diesem Produkt stimmt der Hersteller auf dem Etikett mit

Auch bei Aldi-Süd ist ein selbstständiger, mittelständischer Bedem wahren Hersteller überein. Die Kartoffelprodukte bei Aldi Nord stammen nicht von Pfanni, wie immer wieder vermutet wird, sondern von der **Mecklenburger Kartoffelveredelungs** GmbH im mecklenburgischen Hagenow. Zu DDR-Zeiten produzierte dieser Betrieb Pommes Frites und Kartoffelflocken. Nach der Wende wurde er von Mitgliedern der Geschäftsleitung in Eigenregie weitergeführt. Über 35 Millionen Euro wurden investiert, um den Betrieb auf Kurs zu bringen. Heute verfügen die Mecklenburger nach eigenen Angaben über eine der modernsten Walzenanlagen zur Flockenproduktion in Europa und engagieren sich verstärkt in der Produktion von Eigenmarken. Neben Kartoffelpüree liefert die Firma z. B. auch Semmelknödel oder Kartoffelklöße für Aldi.

trieb Lieferant für Knödel und Kartoffelpüree. Die Firma **Dr. Willi Knoll** ist der älteste bayerische Produzent von Kartoffel-Fertigprodukten und räumt sich selbst eine *„Spitzenposition im Discount-Bereich“* ein. Sprich: Die Firma setzt auf preiswerte Eigenmarken und Handelsmarken. Die Dr.-Knoll-Produkte landen nicht nur bei Aldi, sondern beispielsweise auch bei Norma und Rewe im Regal.

Weder die Mecklenburger Kartoffelveredelungs GmbH noch Dr. Knoll haben übrigens Exklusiv-Verträge mit Aldi. Auch andere Hersteller, wie die **Farmgold Vertriebs GmbH** in Altendorf, sind im Rennen. Achten Sie einfach auf das Etikett: Bei diesem Sortiment wird in der Regel nicht „under cover“ gearbeitet, sondern die Lieferanten benennen sich offen.

Gekühlte Fertiggerichte

Aldi Nord	Aldi Süd
Delikato Fleisch-Tortelloni ff-Frisch-Food-Handel GmbH, Postfach 11 07 09, 42867 Remscheid Veterinärkontrollstempel: D 8-5 EWG	**Cucina Fleisch-Tortelloni** Steinhaus GmbH, Postfach 11 07 09, 42867 Remscheid Veterinärkontrollstempel: D 8-5 EWG

Bei Aldi Nord versteckt sich der Hersteller hinter einer „ff-Frisch-Food-Handel GmbH", bei Aldi Süd geht's ohne Tarnkappe: In beiden Fällen ist die Firma **Steinhaus** der Produzent.

Steinhaus hat sich neben der Produktion von Schinken- und Wurstwaren vor allem auf die Herstellung frischer Pasta-Varianten und Saucen spezialisiert. Die Haltbarkeit der vorgekochten Nudeln wird mit einer raffinierten Methode erreicht: Die Nudeln werden unter Schutzatmosphäre verpackt. Dabei werden Gase wie Stickstoff und Kohlendioxid eingesetzt, die den Sauerstoff verdrängen. Unliebsamen Mikroorganismen wird auf diese Weise regelrecht die Luft zum Leben genommen.

Wer skeptisch ist angesichts der Fleischfüllung: Qualität und Hygiene der verwendeten Rohware sind in Ordnung. Die Stiftung Warentest jedenfalls nahm im September 2004 gefüllte Tortelloni unter die Lupe und bescheinigte den Aldi-Produkten das Prädikat „gut".

Tiefgefrorene Fertiggerichte

Aldi Nord	Aldi Süd
allfein feine Landküche Hähnchen-Schenkel-Pfanne allfein Feinkost GmbH & Co. KG, 49393 Lohne Veterinärkontrollstempel: D EZG 113	**Gut Weissenhaus Hähnchenbrustfilets** allfein Feinkost GmbH & Co. KG, 49393 Lohne Veterinärkontrollstempel: D EZG 257

Bei Hähnchen denken die meisten Verbraucher an die Marke Wiesenhof, der Name allfein ist dagegen kaum bekannt. Trotzdem sind die beiden Firmen eng miteinander verbunden: allfein und **Wiesenhof** gehören beide demselben Mutterkonzern an – der niedersächsischen **PHW-Gruppe**. Das Familienunternehmen ist deutscher Marktführer für Hähnchen und Geflügel. Jedes zweite Hähnchen in Deutschland wird von PHW geschlachtet.

Im Bundesgebiet betreibt die PHW-Gruppe mehrere Schlachthöfe und Verarbeitungsbetriebe, in denen sowohl Wiesenhof- als auch allfein-Produkte produziert werden.

Anhand dieser Veterinärkontrollstempel können Sie die deutschen PHW-Betriebe ausfindig machen:

D EZG 57	Wiesenhof Geflügelspezialitäten, Bogen
D EZG 113	Wiesenhof Geflügelspezialitäten GmbH & Co., Zweigniederlassung Holte, Wietzen
D EZG 214	Wiesenhof Geflügelspezialitäten GmbH & Co., Lohne
D EZG 257	Wiesenhof-Geflügel Möckern GmbH, Möckern
D EZG 260	allfein Feinkost GmbH & Co. KG, Lohne
D EZG 1782	allfein Feinkost GmbH & Co., Zerbst

Wiesenhof- und Aldi-Produkte können also aus dem gleichen Schlachthof stammen. Und ebenso wie bei Wiesenhof wird auch für das Aldi-Süd-Produkt eine so genannte 5-D-Qualität gewährleistet, wonach sich alle Produktionsstufen von den Elterntierherden bis zur Logistikkette in eigener Hand und komplett in Deutschland befinden. Allerdings stammen nicht alle tiefgekühlten Aldi-Geflügelprodukte von allfein/Wiesenhof. Auch die Mitbewerber Sprehe oder Vossko sind beispielsweise gut im Geschäft.

Aldi Nord	Aldi Süd
Casa Morando Familien-Pizza Diavolo, auf Stein gebacken Freiberger Lebensmittel GmbH & Co. Produktions- und Vertriebs KG, Zerpenschleuser Ring 1, 13439 Berlin Veterinärkontrollstempel: D EV 971	**Riggano Steinofenpizza Capricciosa** Freiberger Lebensmittel GmbH & Co. Produktions- und Vertriebs KG, Zerpenschleuser Ring 1, 13439 Berlin Veterinärkontrollstempel: D EV 971

Die Berliner Firma **Freiberger** entstand 1976 aus einem Pizza-Lieferservice mit 20 Mitarbeitern. Heute ist Freiberger eine 100-prozentige Tochter der Südzucker AG und mit über 1000 Mitarbeitern einer der größten Tiefkühlgerichte-Hersteller. Sie kennen die Firma besser unter den Namen „Alberto" – unter diesem Label produziert Freiberger das bekannte Markenprodukt. Aber auch die Tiefkühlpizzas von Feinkost Käfer laufen hier in Lizenz vom Band.

Der bedeutendste Umsatzbereich sind jedoch die No-Name-Produkte. Die Berliner Firma hat frühzeitig erkannt, dass die interessantesten Wachstumsmargen im Handelsmarkenbereich liegen und das

Firmenengagement entsprechend ausgerichtet. Heute liegen rund 1000 Rezepte in der Schublade, die ganz auf die Bedürfnisse der jeweiligen Handelspartner zugeschnitten sind.
Jährlich verlassen 450 Millionen tiefgekühlte Pizza-, Pasta- oder Baguettegerichte den Betrieb. Beim Einkaufen finden Sie diese Produkte nicht nur bei Aldi wieder, sondern stoßen beispielsweise auch bei Rewe (Salto), Kaufland (K-Classic) oder Penny auf entsprechende Handelsmarken von Freiberger.

➤ Weitere Tiefkühlprodukte von Freiberger:
Carlini Cannelloni, Lasagne Bolognese, div. belegte Baguettes, Riggano-Crostini.

Aldi Nord	Aldi Süd
Eskimo Rahmblatt-Spinat, tiefgefroren Jütro Tiefkühlkost GmbH & Co. KG, 06917 Jessen/Elster	**Biofreeze Blattspinat** Copack Tiefkühlkost Produktionsgesellschaft mbH, 27531 Bremerhaven

Die Firma **Jütro** ist ein Traditionsunternehmen in Sachsen-Anhalt, das vor allem in den neuen Bundesländern bekannt ist. Ursprünglich produzierte Jütro nur Konserven, heute besitzt die Firma aber auch eine der modernsten Tiefkühlanlagen Deutschlands. Jütro fährt zweigleisig und bietet Markenprodukte unter dem eigenen Namen an, produziert aber auch No-Names.

Muttergesellschaft ist die **I. Schroeder KG** in Hamburg, einer der größten Konservenimporteure Europas. Mutter und Tochter arbeiten Hand in Hand: „*Wir können äußerst konkurrenzfähig am Markt bestehen, da wir aufgrund hoher Synergieeffekte mit unserem Hamburger Mutterhaus hochwertige Rohstoffe zu günstigen Konditionen beschaffen können und diesen Vorteil an*

Bei Aldi Süd gibt es gefrorenes Gemüse in Bioqualität. Das bedeutet laut EU-Verordnung, dass bei der Erzeugung weder chemisch-synthetische Pflanzenschutzmittel noch mineralische Stickstoffdünger eingesetzt werden dürfen.

Lieferant des Bio-Gemüses ist die Firma Copack. Wenn Sie öfter bei Aldi Tiefgekühltes einkaufen, dürfte Ihnen dieser Name immer einmal wieder begegnen. Denn Copack ist eine Unternehmenssparte von **Frosta** und beliefert Aldi mit einer ganzen Reihe von Tiefkühlprodukten – vom Fischstäbchen bis zur Paella. Näheres dazu finden Sie auch bei den nachfolgenden Produktbeispielen. Die Bio-Sparte ist bei Frosta übrigens relativ neu, passt aber perfekt zur neuen Unternehmenskultur, die mit der Entwicklung

unsere Kunden weitergeben", heißt es bei Jütro.

Die Importgesellschaft Schroeder liefert für Aldi übrigens auch einen Teil der Gemüsekonserven, zum Beispiel den Dosenmais.

➤ Weitere Tiefkühlprodukte von Jütro:
Blumenkohlröschen, Prinzessbohnen, Erbsen.

eines „Reinheitsgebots" auf hochwertige und zusatzstofffreie Lebensmittel setzt.

➤ Weitere Biofreeze-Produkte von Copack:
Erbsen, Prinzessbohnen, Blumenkohlröschen, Kaisergemüse.

Aldi Nord	Aldi Süd
Eskimo Fischstäbchen	**Almare Fischstäbchen**
Pickenpack – Hussmann & Hahn Seafood GmbH, 21339 Lüneburg	Copack Tiefkühlkost Produktionsges. mbH, Postfach 29 01 39, 27531 Bremerhaven
Veterinärkontrollstempel: D NI EFB 001	Veterinärkontrollstempel: D HB EFB 048

Fischstäbchen werden in derart hohen Chargen produziert, dass die Aldi-Einkäufer mehrere Lieferanten unter Vertrag nehmen. Bei unseren Recherchen im Ruhrgebiet stießen wir auf die Firma **Pickenpack – Hussmann & Hahn**. Das Unternehmen ist unter Verbrauchern völlig unbekannt, hat aber eine langjährige Tradition in der Fischverarbeitung und ist auf Privat-Label-Produkte spezialisiert. Kein Unternehmen in Europa produziert im Bereich Tiefkühlfisch mehr No-Names als Pickenpack – Hussmann & Hahn.

Beim Shoppen im Süden Deutschlands fanden wir dagegen einen „alten Bekannten", der seit Jahren bei Aldi gelistet ist: die Firma Copack.

Auch wenn Ihnen Copack selbst kein Begriff sein sollte, die Muttergesellschaft kennen Sie in jedem Fall: Es ist die **Frosta** AG aus Bremerhaven.

Über Copack läuft bei Frosta das Geschäft mit den No-Name-Produkten. Vertrieb und Vermarktung sind strikt getrennt, doch bei der Herstellung gibt es Gemeinsamkeiten. Nach Informationen der „Lebensmittelzeitung“ werden die Handelsmarken auf den gleichen Maschinen produziert wie die Frosta-Ware. Allerdings: Bei den No-Name-Produkten richtet sich Frosta nach kundenspezifischen Rezepturen, die der Handelspartner vorgibt. Wenn ein Discounter die Panade auf seinen Fischstäbchen etwas rötlicher haben möchte, wird dem Paniermehl eben ein entsprechender Farbstoff zugegeben. Bei den eigenen Produkten kommt diese Trickserei nicht mehr in Frage: Frosta hat sich einem „Reinheitsgebot“ verschrieben und produziert sein Marken-Sortiment komplett ohne Farbstoffe, Aromazusätze, Geschmacksverstärker, Emulgatoren, Stabilisatoren oder chemisch modifizierte Stärke.

Aldi Nord	Aldi Süd
Eskimo Paella, tiefgefroren Menü-Variant GmbH, 49176 Hilter Veterinärkontrollstempel: D EV 22	**Primana Paella, tiefgekühlt** Copack Tiefkühlkost Produktionsgesellschaft mbH, Postfach 29 01 39, 27531 Bremerhaven Veterinärkontrollstempel: D HB-EFB 048, D EV 847

Hinter der Firma Menü-Variant steckt die **Apetito** AG im westfälischen Rheine. Der Firmenschwerpunkt von Apetito liegt auf der Gemeinschaftsverpflegung. Als Caterer beliefert Apetito Schulen, Kindergärten und Betriebe mit warmen Mahlzeiten. Doch auch im

Lebensmittelhandel hat das Unternehmen ein festes Standbein. Apetito bestückt die Kühltruhen von Discountern und Supermärkten mit Fertiggerichten. Größtenteils als Handelsmarken, teilweise auch unter dem eigenen Apetito-Label.

Aldi-Lieferant Apetito ist ein überaus erfolgreiches Unternehmen. Bundesverbraucherministerin Renate Künast überreichte der Firma jüngst den Innovationspreis für Biolebensmittel aufgrund ihres *„herausragenden Engagements im Bereich Kindertagesstätten und Schulen"*. Und die Unternehmervereinigung „European Entrepreneurs for Growth" setzte Apetito auf die Liste der wachstumsstärksten Mittelstandsunternehmen in Europa.

Bei Aldi Süd stammt die Paella von Copack, jener Tochterfirma von **Frosta**, die auf den vorherigen Seiten bereits näher beschrieben wurde.

➤ Weitere Tiefkühlgerichte von Menü-Variant oder Copack:
Spätzlepfanne, Nasi Goreng, Westernpfanne, Nudelpfanne, Penne Gorgonzola, Gnocchi-Pfanne.

Tiefgekühlte Feine Backwaren

Aldi Nord	Aldi Süd
Käsekuchen Confitesse Backwaren-Vertriebs GmbH, Brüsseler Straße 5, 53842 Troisdorf	**Teviana Schwarzwälder Kirsch-Torte** Backfrost Caldino GmbH, Hansastraße 10, 49497 Mettingen

Die Confitesse Backwaren-Vertriebs GmbH ist ein Tochterunternehmen der **Erlenbacher Backwaren GmbH**. Nun werden Sie mit den Schultern zucken und denken: „Kenn' ich nicht." Doch Erlenbacher ist kein Nobody in der Branche, sondern einer der großen Tiefkühlbackwaren-Hersteller. In seinen Firmenanfängen belieferte Erlenbacher den Tief-

Kaufen Sie doch einmal eine Schwarzwälder Kirschtorte von Coppenrath & Wiese und eine Teviana-Torte von Aldi: Sie werden überraschend viele Übereinstimmungen finden. Die Schokoraspel sehen sehr ähnlich aus, die kandierten Kirschen sind kaum zu unterscheiden – ja, selbst das Schutzpapier um den Sahnerand hat das gleiche Muster. Verwun-

kühl-Heimservice **Eismann**, Ende der 90er Jahre übernahm **Schöller** den Betrieb in Groß-Gerau. Und nachdem Schöller im Jahr 2002 von **Nestlé** geschluckt wurde, gehört Erlenbacher seitdem zur Nestlé Foodservice GmbH.

Erlenbacher versorgt nicht nur den Einzelhandel, sondern beispielsweise auch Bäckereien. Wenn Sie also demnächst einmal wieder aus dem Fachgeschäft ein Stück Torte mitnehmen, kann es durchaus sein, dass dieses Produkt nicht selbst gebacken ist, sondern vom gleichen Hersteller stammt wie die Confitesse-Variante bei Aldi. Nur mit dem kleinen Unterschied, dass Sie beim Bäcker für ein paar Kuchenstücke fast genauso viel hinlegen müssen wie beim Discounter für die ganze Packung.

Teilweise lässt sich Aldi Nord auch von Backforst Caldino beliefern (siehe rechte Spalte). Verwunderlich ist die Sache nicht, denn die Firma Backfrost Caldino gehört zu **Coppenrath & Wiese**. Bis vor einigen Jahren gab es noch eine eigene Backstraße, doch im Mai 2004 wurde die separate Produktion eingestellt. Seitdem, so steht im Handelsregister von Steinfurt, *„ist Backfrost Caldino ausschließlich als Handelsgesellschaft für die Muttergesellschaft Conditorei Coppenrath & Wiese GmbH & Co. KG in Osnabrück tätig“*.

C & W räumt übrigens in Fachkreisen ein, Handelsmarken zu produzieren. Zur Differenzierung von Hersteller- und Handelsmarken setze das Unternehmen unterschiedliche Produktgrößen und Produktgewichte ein. Abstriche an der Qualität würden jedoch nicht gemacht, erläuterte Geschäftsführer Martin Möllmann vor zwei Jahren auf der Kölner Lebensmittelmesse Anuga. Bei Aldi Süd stammen fast alle TK-Backwaren – ob Sahnetorte, Streuselkuchen oder Mini-Berliner – von Backfrost Caldino.

Gemüsekonserven

Aldi Nord	Aldi Süd
Kings Crown Prinzessbohnen BPL Légumes BP1, 62159 Vaulx-Vraucourt, Frankreich	**Gartenkrone Delikatessbohnen** C. Oostrom's Conservenfabrieken B.V., Postbus 61, 4420 AC Kapelle, Holland

Die Firma BPL Légumes, die bei Aldi Nord auf der Verpackung steht, ist eine Tochterfirma von **Bonduelle**. Bonduelle ist ein weltweit tätiger Konzern mit 26 Produktionsstandorten – und bei diesen Ausmaßen ist es kein Wunder, dass die Firma nicht nur auf die eigene Marke setzt. Um die Anlagen auszulasten, werden zahlreiche Handelsmarken produziert. So wird im französischen Vaulx-Vraucourt beispielsweise nicht nur für Aldi, sondern auch für Lidl gearbeitet. Am Gesamtumsatz sollen Handelsmarken bei Bonduelle rund 30 Prozent ausmachen.
Bei Aldi Süd stammen die Dosenbohnen von einem holländischen Hersteller, der Konservenfabrik **C. Oostroms**.

Viele Lieferanten unter Vertrag
Beim Aldi-Dosengemüse gibt es keine Exklusiv-Lieferanten. Je nach Angebot und Nachfrage wird bei verschiedenen Produzenten eingekauft. Trauen Sie nicht den Gerüchten im Internet, wonach alle Gemüsekonserven von Bonduelle stammen sollen. Das stimmt definitiv nicht. Oft fungieren Handelsgesellschaften wie beispielsweise die Hamburger „Merkur Außenhandel" als Lieferant. Woher diese Großhändler ihre Ware beziehen, bleibt deren Firmengeheimnis.

Aldi Nord	Aldi Süd
Klostergarten Delikatess Rotkohl J. & W. Stollenwerk oHG, 52399 Merzenich/Düren	**Gartenkrone Delikatess Apfel-Rotkohl** Südkonserven GmbH, 84347 Pfarrkirchen

Die Firma Südkonserven „Süko" in Pfarrkirchen ist kein verarbeitender Betrieb, sondern ein Großhandelsunternehmen für Nahrungsmittel. Als Tätigkeitsprofil findet sich im Handelsregister von Landshut folgende Formulierung: *„Entwicklung von Handels- und Eigenmarken für den Lebensmitteldiscounter und Verkauf der entsprechenden Produkte."* So weit, so gut. Was Sie wohl mehr interessieren dürfte, ist die prominente Muttergesellschaft von Süko: Es ist die **Develey Senf & Feinkost GmbH** in Unterhaching.

Die Produktionspalette von Develey umfasst weitaus mehr als Senf, Ketchup & Co. Wie Sie unter www.develey.de nachlesen können, bietet das Unternehmen schon seit 1968 mit der Marke Specht auch Gurken und feinsaure Konserven an. Dass zu Develey allerdings auch ein No-Name-Spezialist wie Süko gehört, erfährt man auf der Website nicht.

Einfacher ist die Sache bei Aldi Nord: Der Rotkohl sowie einige andere Gemüsezubereitungen stammen hier von **J. & W. Stollenwerk**, einem Familienunternehmen aus Merzenich bei Köln, das seit Jahrzehnten für den Discounter arbeitet.

Dosensuppen

Aldi Nord	Aldi Süd
amica Gulaschsuppe Struik Foods Deutschland GmbH Berlin, Beelitz, 47059 Duisburg, Vertriebsniederlassung Deutschland Veterinärkontrollstempel: D EV 825	**Bill Collins Gulaschsuppe** Buss GmbH & Co. KG, 28866 Ottersberg

Bis vor kurzem stand auf der amica-Gulaschsuppe als Hersteller die Firma **Bekina**. Diese Firma dürfte vor allem in den neuen Bundesländern bestens bekannt sein. Zu DDR-Zeiten wurde hier im großen Stil Babynahrung produziert. Nach der Wende gab es wechselhafte Zeiten, in denen Hipp, Milupa und der niederländische Lebensmittelriese Numico eine Rolle spielten. Nach massiven Investitionen spezialisierte sich das Unternehmen auf Fertiggerichte. Einer der Renner in der Produktion: die Aldi-Gulaschsuppe mit argentinischem Rindfleisch. Im Herbst 2004 wurde Bekina von

Die Firma Buss ist ein Tochterunternehmen der **Heristo AG**. Obwohl Heristo mit einem Jahresumsatz von fast einer Milliarde Euro eines der ganz großen Wirtschaftsunternehmen ist, ist der Name unter Verbrauchern völlig unbekannt. Fischverarbeitung, Fleischveredelung, Heimtiernahrung … die Bandbreite geht vom Erbseneintopf über geräucherte Makrelen bis hin zum Hundefutter, jeweils über die entsprechenden Tochtergesellschaften.

Das Geschäft läuft seit langem zweigleisig. Es sei langjährige Unternehmensstrategie, *„einerseits die Marken zu pflegen, andererseits auch gegenüber*

der niederländischen **Struik-Gruppe** übernommen, einem Familienunternehmen, das unter anderem die Eintöpfe der Marke Müller's Mühle produziert.

Es bleibt abzuwarten, wie es unter neuer Regie weitergeht. Bislang jedenfalls wurde die amica-Gulaschsuppe unter Hausfrauen als eine Art Geheimtipp gehandelt. So manch ein hausgemachtes Gulaschsüppchen soll seinen würzigen Geschmack erst der Zugabe einer Aldi-Dose verdanken …

Handelsmarken aufgeschlossen zu sein", lässt die Firma mit Sitz in Bad Rothenfelde verlauten.

Diese schöne Formulierung bedeutet für Ihren täglichen Einkauf Folgendes: Im Supermarkt begegnen Sie so bekannten Marken wie Appel, Norda oder Provital, die im Besitz von Heristo sind. Bei Aldi begegnen Sie den Heristo-Handelsmarken unter dem Label Bill Collins, Züngers Feinkost, Pottkieker, Cap Arkona oder Feine Küche.

Aldi Nord	Aldi Süd
Finesse Tomatencremesuppe	**Primana Tomatenrahmsuppe**
Buss GmbH & Co. KG,	Dr. Heinr. König,
28866 Ottersberg	23560 Lübeck

Wie eben beschrieben, stammen die meisten Suppenkonserven vom Haus- und Hoflieferanten **Buss/Heristo**. Allerdings taucht bei Aldi Süd ab und zu auch ein zweiter Lieferant auf: ein Suppenhersteller namens Dr. Heinr. König aus Lübeck. Diese Firma ist in der Branche völlig unbekannt. Mit Lübeck verbindet man stattdessen einen ganz anderen Namen: Erasco.

Und tatsächlich gibt es einen direkten Zusammenhang: Dr. König ist ein Tochterunternehmen der **Campbell Soup Company**, die auch im Besitz der Marke Erasco ist.

Unter dem „Dr. König"-Label beliefert Campbell's nicht nur Aldi, sondern beispielsweise auch Edeka und Marktkauf mit Eigenmarken. In einem Interview mit dem Fachblatt „Lebensmittelpraxis" räumte Campbells Geschäftsführer Dr. Rolf-Christian Wentz ein: *„Wir sind bekennender Handelsmarken-Produzent und beliefern schon über Jahre die meisten Handelsunternehmen. Der Privat-Label-Anteil am Umsatz beträgt etwa 15 Prozent."*

Der US-Konzern Campbell's gilt als weltweit größter Suppenhersteller.

- Weitere Produkte von Dr. König:
  Festtagssuppe, feurige Thai-Suppe, Zwiebelsuppe.
- Weitere Produkte von Buss:
  Erbseneintopf, grüner Bohneneintopf, Hühnersuppe, Linsensuppe, italienischer Nudeltopf, Texas-Eintopf, Kartoffel-Topf.

Instantprodukte

Aldi Nord	Aldi Süd
Pottkieker Champignoncremesuppe Lamarc Feinkost GmbH, 40556 Düsseldorf	**Lachende Köchin Champignoncremesuppe** Dr. Lange & Co. GmbH, Postfach 13 02 06, 40552 Düsseldorf

Hinter Dr. Lange aus Düsseldorf steht das Familienunternehmen **Zamek**. Zamek ist eine der wenigen Firmen, die auf ihrer Homepage offen über ihre Aktivitäten im Bereich der Handelsmarken berichten: *„Der Unternehmensbereich Dr. Lange betreut die Eigenmarken vieler großer Handelsunternehmen in Europa und steht für qualitativ hochwertige Produkte mit überragendem Preis-Leistungs-Verhältnis.“*

Schon frühzeitig hat sich Zamek drei Standbeine geschaffen: die Entwicklung der eigenen Marke, die Belieferung von Großküchen und Gastronomiebetrieben und die Zusammenarbeit mit Discountern im Bereich von Handelsmarken. Neben Trockensuppen liefert Zamek beispielsweise auch Würzen, Saucen oder Nudelfertiggerichte an Aldi. Lassen Sie sich auch nicht irritieren, wenn statt Dr. Lange mal eine „Lamarc GmbH“ auf der Packung steht: Die Marke Lamarc ist ein eingetragenes Warenzeichen, das ebenfalls zu Zamek gehört.

Weder Knorr noch Maggi

Suppen und Saucen aus der Tüte? Damit verbindet man in erster Linie die Namen Knorr und Maggi. Doch weder die eine noch die andere Firma ist Aldi-Partner. Beim Discounter ist Zamek der Platzhirsch.

Allerdings könnten Sie in Aldi-Süd-Filialen auch noch auf einen weiteren Lieferanten stoßen – eine so genannte Radolf Nahrungsmittel GmbH. Dahinter steht die schweizer **Hügli-Gruppe**, ein etablierter Spezialist für Trockenfertiggerichte. Die Radolf Nahrungsmittel GmbH ist eine Tochter des Konzerns.

Wenn Sie in Bioläden oder Reformhäusern einkaufen, kennen Sie sicher das bekannteste Hügli-Produkt: die Brühwürfel und Würzmischungen unter dem Label Cenovis. In Radolfzell am Bodensee wird sowohl die Reformhaus- als auch die Discounterware hergestellt. Für die Aldi-Marke „Lachende Köchin“ werden jedoch keine Bio-Grundstoffe verarbeitet.

Röstkaffee, löslicher Kaffee, Tee

Aldi Nord	Aldi Süd
Markus Kaffee Markus Kaffee GmbH & Co. KG, Industriestr. 16, 28844 Weyhe	**Amaroy Kaffee** Aldi GmbH & Co. KG, Kaffeerösterei, Mülheim an der Ruhr

Beim Kaffee ist Aldi Selbstversorger. Der Discounter besitzt **eigene Aldi-Röstereien**, darunter im westfälischen Herten und in Weyhe bei Bremen, in denen die Marken Markus und Amaroy hergestellt werden. Mittlerweile gilt Aldi hier zu Lande als viertgrößter Kaffeeanbieter.

Die Firmenentscheidung, Kaffee selbst zu produzieren, erwies sich nach Ansicht des ehemaligen Aldi-Managers Dieter Brandes als *„lohnend und imageprägend“*: *„Mit der Kaffeemarke konnte Aldi immer besonders deutlich sein hohes Qualitätsniveau und seine niedrigen Preise demonstrieren.“* Mit anderen Worten: Kaffee lockt Kunden. Im Kampf um höhere Kaffeepreise mussten Tchibo, Melitta & Co. immer wieder klein beigeben, weil Aldi nicht mitzog.

Klaus Jacobs, ehemaliger Firmenchef der Jacobs-Kaffeerösterei, bezog 1987 zum „Kaffee-Krieg“ mit folgenden Worten Stellung: *„Unser Gegner heißt Aldi“*.

Auch heute noch sind die Preisunterschiede zwischen Marken- und Discounter-Kaffee extrem hoch.

Unter den Verbrauchern gibt es klare Fronten in Punkto Aldi-Kaffee: Entweder man schwört auf ihn oder man lehnt ihn kategorisch ab.

Aldi Nord	Aldi Süd
Kena Kaffeeextrakt Deutsche Extrakt Kaffee GmbH, 21082 Hamburg	**Belmont Gold Kaffeeextrakt** Deutsche Extrakt Kaffee GmbH, 21082 Hamburg

Beim Stichwort löslicher Kaffee fällt Ihnen sicher als erstes der Name Nescafé ein – nicht zuletzt wegen der legendären Fernsehwerbung mit dem angeblichen Falschparker Angelo ...

Und tatsächlich gilt Nescafé bei Instant-Kaffee in Deutschland als Marktführer und hält einen Anteil von rund 40 Prozent. International gesehen wird Nescafé (Nestlé) jedoch durch ein Hamburger Unternehmen getoppt, das kaum jemand kennt: die **Deutsche Extrakt Kaffee** GmbH, kurz DEK genannt. DEK ist europaweit der bedeutendste Anbieter für löslichen Bohnenkaffee – und Aldi ist Großkunde.

Kaffee-Kompetenz bringt das Unternehmen erwiesenermaßen mit: Es wurde 1955 unter anderem vom Tchibo-Gründer Max Herz und Eduscho-Chef Rolf Schopf ins Leben gerufen und war das erste europäische Unternehmen, das die Gefriertrocknung angewandt hat.

Bis heute ist dieses Verfahren die beste Methode, um löslichen Kaffee herzustellen. Dabei wird heißer, flüssiger Kaffeeauszug innerhalb weniger Sekunden bei Temperaturen zwischen minus 40 und minus 50 Grad tief gefroren. In einer speziellen Kälteanlage wird anschließend aus den Kaffeeeis-Stücken unter Vakuum die Flüssigkeit verdampft. Das Wasser geht direkt vom festen in den gasförmigen Zustand über. In den zurückbleibenden, trockenen Kaffee-Partikeln sind Aroma und Geschmack optimal versiegelt.

Bei der DEK lässt Aldi nicht nur den löslichen Kaffee produzieren, sondern auch das breite Sortiment an Cappuccino-Pulver.

Aldi Nord	Aldi Süd
Westminster Schwarzer Tee, Ceylon Assam Mischung Markus Kaffee GmbH & Co. KG, 28844 Weyhe	**Westside Schwarzer Tee, Ceylon-Indien-Mischung** Ostfriesische Tee Gesellschaft Laurens Spethmann GmbH & Co. KG, 21218 Seevetal

Meßmer und Milford – diese Teemarken kennen Sie aus der Werbung. Weniger bekannt dürfte sein, dass der gleiche Hersteller auch Aldi beliefert: Es ist die **Ostfriesische Tee Gesellschaft (OTG)** in Seevetal.

Bei Tee entscheiden sich die Verbraucher mittlerweile offenbar ganz gerne für ein No-Name-Produkt. Der Anteil der Handelsmarken liegt bei rund 25 Prozent. Der OTG, die in Europa als viertgrößter Privat-Label-Hersteller gilt, kann diese Entwicklung durchaus recht sein. Wenn die Tee-Liebhaber schon nicht zu Meßmer greifen, denn eben zum Westside-Tee von Aldi. In beiden Fällen fließt das Geld letztendlich in dieselbe Tasche.

➤ Weitere OTG-Teesorten:

Früchtetee, Pfefferminztee, Kindertee, grüner Tee, Rooibos-Tee.

Cola, Limonade und Malzgetränke

Aldi Nord	Aldi Süd
River Cola Jacobi Scherbening GmbH & Co. KG, 33054 Paderborn	**Topstar Cola** SDI GmbH, Peter-Mayr-Straße, 50374 Erftstadt

Coca Cola, Fanta, Sprite – diese Markenprodukte suchen Sie bei Aldi natürlich vergeblich. Trotzdem gibt es entsprechende Discounter-Varianten, die mittlerweile ebenfalls salonfähig sind. Cola sowie zitronen- und orangenhaltige Limonaden werden bei Aldi durchwegs in 1,5-Liter-PET-Flaschen angeboten.

Bei diesen Getränken, so heißt es in der Branche, verfährt Aldi nach folgendem Prinzip: Die Grundstoffe werden nach Aldi-Vorgaben von einem großen Rohstoffzulieferer hergestellt und dann von verschiedenen Abfüllern verarbeitet. Hinter der Firma Jacobi Scherbening steht beispielsweise das Paderborner Unternehmen **Stute** (mehr darüber auf Seite 50), die Firma **SDI** ist ein Softdrinkhersteller in Erftstadt und als Abfüller für die River-Orangenlimonade fanden wir die **Brandenburger Urstromquelle** in Baruth.

Wo die Limonaden auch immer abgefüllt wurden: Mit Hilfe der industriellen Mixtur aus Zucker und Aromastoffen ist der Geschmack der Erfrischungsgetränke stets recht ähnlich.

„River-Cola trinkt man nicht"

River Cola von Aldi? Nein Danke! Jahrzehntelang hatte die Billig-Cola vom Discounter einen schweren Stand. Wer es sich leisten konnte, griff zur Marke – schon allein aus Image-Gründen. Die Wissenschafts-Seite „www.ethymologie.de" befasst sich mit dem Phänomen „Cola und

Markenbewusstsein" (mittlerweile ist die Einstellung zu River Cola allerdings entspannter): *„Die Marke bildet eine Grenze zwischen denen, die „dazugehören", und denen, die nicht dazugehören wollen oder können. Die Marken-Mauern sind unumstößlich. Bereits im Ursprung des Wortes ist diese Eigenschaft verankert. „Marke" stammt von dem französischen Verb „marquer", das mit „kennzeichnen", „bezeichnen", „merken" übersetzt werden kann. Eine Marke unterscheidet sich vom Gewöhnlichen und markiert das Besondere.*
Wer beispielsweise „Coca-Cola" trinkt, mag keine „River Cola". Dies geht weit über geschmackliche Präferenzen hinaus: Die billige „River Cola" zu trinken bedeutet, sich freiwillig auf eine niedrigere soziale Stufe zu stellen. Bietet man sie seinen Gästen an, so entsteht das Gefühl, diese seien einem keine „richtige" Cola wert. Ob diese Bedenken bei den Gästen tatsächlich bestehen oder sich nur die Gastgeberin diese Gedanken macht, ist unerheblich: Marke wird auf jeden Fall zu einer sozialen Kategorie und begrenzt damit die Entscheidungsspielräume des Einzelnen."

Aldi Nord	Aldi Süd
Karlsquelle Malz	**Karlskrone Malz**
Feldschlösschen Aktiengesellschaft, Braunschweig	Feldschlösschen Aktiengesellschaft, Braunschweig

Aldi-Malzbier kommt von **Feldschlösschen**, einer niedersächsischen Traditionsbrauerei, die zur **Holsten AG** und somit zum dänischen **Carlsberg-Konzern** gehört.
Als Malzbierproduzent dürfte Ihnen Feldschlösschen kaum ein Begriff sein. Trotzdem bringt das Unternehmen in diesem Bereich langjährige Erfahrung mit: Feldschlösschen/Holsten ist eine der Lizenzbrauereien für Vitamalz.

Sekt und Wein

Aldi Nord	Aldi Süd
Delmora Cava, Reserva Elborado por C.S.A., Sant Sadurni D'Anoia, España	**Delmora Cava, Reserva** Elborado por C.S.A., Sant Sadurni D'Anoia, España

Cava, also spanischer Sekt, wird auf gleiche Weise wie Champagner gekeltert: mit Flaschengärung und neunmonatiger Lagerzeit. Herstellungsort des Aldi-Cava ist Sant Sadurni D'Anoia, ein kleiner Ort in der Nähe von Barcelona, der als Sekthauptstadt von Spanien gilt. Rund 80 kleinere Sektkellereien gibt es hier, doch internationale Marktbedeutung hat vor allem einer: der Hersteller **Freixenet**.

Freixenet ist mit Abstand der weltweit bedeutendste Cava-Hersteller und hält in Deutschland fast 90 Prozent der Marktanteile.

Die Wochenzeitung „Die Welt" widmete diesem Unternehmen kürzlich ein ausführliches Portrait und lieferte interessante Hintergründe über seine Absatzquellen: *„Freixenet setzt hier zu Lande 50 Millionen Flaschen Cava pro Jahr ab. Rund 27 Millionen werden unter dem Namen Freixenet verkauft, der Rest sind Handelsmarken – darunter der Aldi-Sekt."*

Bestätigt wird diese Passage durch die Internet-Kult-Seite „Aldibaran". Auch hier wird die Vermutung geäußert, dass der spanische Cava bei Aldi von Freixenet stammt.

Aldi Nord	Aldi Süd
Stolzenfels Sekt, trocken Sektkellerei Sartor, 56751 Polch	**Erlenbrunn Riesling Sekt, extra trocken** Sankt Florin Sektkellerei GmbH, Koblenz/Wiesbaden

Der Erlenbrunn-Sekt hat seit vielen Jahren einen festen Stammplatz bei Aldi Süd. Und unter Winzern gilt es als offenes Geheimnis, dass die Sektkellerei **Deinhard** als Lieferant fungiert.

Um diesen Gerüchten auf den Grund zu gehen, recherchierten wir nach Firmeninformation über jene Sektkellerei, die auf dem Aldi-Sekt offiziell als Hersteller steht: die St. Florin Sektkellerei.

Doch weder in Wirtschaftsdatenbanken noch in Pressearchiven taucht diese Firma jemals auf. Sie scheint schlichtweg nicht zu existieren. Lediglich eine Adresse lässt sich ausfindig machen – die allerdings spricht Bände: Die St. Florin Sektkellerei sitzt in 56068 Koblenz, Deinhardplatz 3. Und just diese Adresse führt auch die Sektkellerei Deinhard in ihrem Briefkopf …
Bei Aldi Nord gibt es keinen Sekt der Marke Erlenbrunn. Hier ist stattdessen das Label Stolzenfels gelistet. Dieser Sekt stammt von der Sektkellerei **Hans Sartor** aus Polch, einem Spezialist für Handelsmarken.

Aldi Nord	Aldi Süd
Longwood	**Burlwood California**
California Ruby Cabernet	**Cabernet Sauvignon**
Arroyo Seco Vineyards Inc.	Burlwood Cellars, Modesto,
Delano, California, USA	USA

Unter Weinkennern ist die Herkunft des Burlwood-Weins ein beliebtes Tuschel-Thema. Dabei fällt immer wieder der Name von **Ernest & Julio Gallo**, jenen kalifornischen Winzer-Brüdern, denen eines der größten und bekanntesten Weingüter der Welt gehört. Bestätigt wird diese Vermutung auf deren amerikanischer Homepage: Hier ist Burlwood als Gallo-Marke eingetragen.
Letzte Zweifel wurden jüngst durch einen Artikel im „Hamburger Abendblatt“ ausgeräumt. Die Tageszeitung traf sich mit der Firmenchefin Gina Gallo zum Interview. Und darin räumt die Kalifornierin ohne Umschweife ein, dass Aldi ein großer Abnehmer von Ernest & Julio Gallo sei.
Die studierte Weinbauerin Gina Gallo fand für ihren Aldi-Wein nach typischer Winzer-Manier übrigens interessante Attribute: Ein *„Fun-Wein“* sei er, *„fruchtig, erfreulich und zugänglich“*.

Discounter sind die wichtigsten Weinhändler

Discounter halten mittlerweile 45 Prozent Marktanteil beim Weinverkauf, berichtet das Deutsche Weininstitut DWI.

Das bedeutet im Klartext: Fast jeder zweite Wein stammt heute von Aldi, Lidl, Penny, Plus & Co. Die Weine vom Discounter liefern in der Regel internationale Großkellereien, die diesen Markt mit Übermengen unter Zweitlabels bedienen.

Nach Recherchen des „Handelsblatt" gilt Aldi beispielsweise in der spanischen Weingegend Rioja als wichtigster deutscher Abnehmer. 30 Prozent des gesamten deutschen Rioja-Imports gingen auf das Konto von Aldi, versicherte die Weinkellerei Criadores de Rioja gegenüber der Wirtschaftszeitung.

Was die Qualität der Discounter-Weine angeht – darüber wird in den verschiedenen Internet-Foren rege diskutiert. Doch so richtig euphorisch zeigt sich kaum jemand.

Die Zeitschrift „Wein Gourmet" hat kürzlich die Probe aufs Exempel gemacht und über 100 Discounter- Weine sensorisch getestet. Das Resultat war ernüchternd: *„Die Legende von der angeblich exquisiten Qualität der Weine von Aldi, Lidl & Co. hat in unseren Tests keine Bestätigung erfahren"*, zog Redakteur und Probenleiter Dr. Ulrich Sautter Bilanz. Wer darauf hoffe, ein Schnäppchen zu machen, erlebe den Resultaten der Verkostung zufolge *„mit 97-prozentiger Wahrscheinlichkeit eine Enttäuschung"*.

Körperpflegeprodukte und Kosmetika

Aldi Nord	Aldi Süd
Kyrell Anti-Schuppen Pflegeshampoo	**Kür Anti-Schuppen Pflegeshampoo**
Gallon-Kosmetik GmbH & Co. KG, 32602 Vlotho	E. Kiessling GmbH, 91166 Georgensgmünd

Wella dürfte einer der ersten Namen sein, der Ihnen beim Thema Haarpflege einfällt. Vom Shampoo bis zum Färbemittel bietet Wella alles für schönes Haar.
Ein Hersteller, der bei Aldi für schönes Haar sorgt, ist die Firma E. Kiessling GmbH aus Georgensgmünd. Und Kiessling ist ein Tochter-

unternehmen von **Wella**. Über die Unternehmenssparte E. Kiessling bedient Wella seit Jahren den Privat-Label-Markt und ist beispielsweise auch bei Schlecker mit der Eigenmarke „AS“ gelistet.
Derzeit machen Wella und E. Kiessling allerdings stürmische Zeiten durch. Denn seit Sommer 2004 kooperiert Wella mit dem US-Giganten **Procter & Gamble** (P&G).
Und P&G plant aus *„strategischen Gründen“*, das Eigenmarkengeschäft nicht weiterzuführen. Somit steht Kiessling zum Verkauf an. Derzeit finden Sie bei Aldi jedoch noch die verschiedensten Körperpflegeprodukte von Kiessling, darunter Haarspray, Spülung und selbst Sonnenschutzcreme.
Allerdings muss sich die E. Kiessling GmbH den Markt mit weiteren Herstellern teilen: Auch die Firmen Gallon, Luhns oder beispielsweise Dalli mischen kräftig mit.
Über die Firma **Gallon**, die in unserem Beispiel das Schuppenshampoo für Aldi-Nord lieferte, gibt es kaum Informationen. Im Handelsregister der Stadt Vlotho findet sich lediglich folgendes Tätigkeitsprofil: *„Herstellung und Vertrieb von kosmetischen Produkten sowie Wasch- und Reinigungsmitteln. Abnehmer sind sämtliche Aldi-Märkte in der Bundesrepublik.“*

Aldi Nord	Aldi Süd
Biocura Make-up Maxim Markenprodukte GmbH & Co. KG, Donatusstr. 112, 50259 Pulheim bei Köln	**Lacura Liquid Make-up** Premium Cosmetics GmbH, München

Neuerdings gibt es bei Aldi dekorative Kosmetik. Seit Jahresbeginn 2005 haben die Einkäufer von Aldi Süd das Standardsortiment um Schminkartikel erweitert, drei Monate später zog Aldi Nord nach.

Vorher wurden Make-up, Wimperntusche oder Lippenstift nur als zeitlich begrenzte Aktionsware angeboten.
Hersteller bei Aldi Süd ist die Firma **Dr. Scheller**, die unter dem Markennamen „Apotheker Dr. Scheller“ in Drogeriemärkten Hautcremes und Pflegeprodukte anbietet. Schminkartikel führt das Unternehmen ebenfalls: Ihr gehört die Marke Manhattan – ein Label, das vor allem bei Teenies hoch im Kurs steht.
Über die Tochterfirma Premium Cosmetics lässt Dr. Scheller nun auch Aldi-Kosmetik vom Band laufen.
Bei Aldi Nord werden die Produkte von **Maxim Markenprodukte** geliefert, einem großen Kosmetikhersteller, der in Deutschland und Frankreich die Discounter mit No-Name-Artikeln bestückt. Mehr als 100 verschiedene Eigenmarken soll das Unternehmen im Programm haben, vom Deo bis zum Parfüm.
Die Preise des neuen Aldi-Sortiments sind extrem günstig. Egal, ob Flüssig-Make-up oder Lippenstift: Jeder Artikel kostet 1,99 Euro.

Aldi Nord	Aldi Süd
Kurikur Zahnbürste	**Friscodent Zahnbürste**
M + C Schiffer GmbH, 53577 Neustadt/Fernthal	M + C Schiffer GmbH, 53577 Neustadt/Fernthal

Über den Zahnbürstenhersteller **M + C Schiffer** gibt es kaum Informationen. Offenbar ist die Branche äußerst verschwiegen, die Entwicklung von Zahnbürsten scheint „topsecret“ zu sein. Journalisten kommen nur in Entwicklungsabteilungen, wenn sie vorher eine Geheimhaltungserklärung unterschreiben. So jedenfalls berichtet es ein Autor der Wochenzeitung „Die Zeit“ in seiner im Jahr 2000 erschienenen Reportage über das *„Wettrüsten von Zahnbürstenherstellern“*. Über den Aldi-Lieferant Schiffer hat der Journalist dann aber doch Folgendes herausgefunden: *„Die Firma M + C Schiffer ist der größte unabhängige Zahnbürstenhersteller der Welt. Eine Million Zahnbürsten werden hier täglich in großen Maschinen gepresst und verpackt. Schiffer ist unter anderem Hersteller für Dr. Best, Unilever und andere Firmen, die sich auf Entwicklung, Marketing und Vertrieb spezialisiert haben und nicht selber produzieren.“*

Aldi Nord	Aldi Süd
Euro Dont multicare Zahnpasta Dr. Scheller DuroDont GmbH, Postfach 1363, 73050 Eislingen	**Friscodent multicare Zahnpasta** Dr. Scheller DuroDont GmbH, Postfach 1363, 73050 Eislingen

Zahnpasta bei Aldi kommt aus dem Hause **Dr. Scheller**, jenem Kosmetikhersteller aus Eislingen, der Ihnen eben auf Seite 97 bei den Schminkartikeln begegnet ist.

Unter dem Label Durodont führt Dr. Scheller auch eigene Markenprodukte für die Zahn- und Mundpflege.

Wasch- und Reinigungsmittel

Aldi Nord	Aldi Süd
Tandil ultra-plus Vollwaschmittel	**Tandil ultra-plus Vollwaschmittel**
Dalli-Werke, 52220 Stollberg	Propack GmbH, 86522 Ladenburg

Das Aldi-Waschmittel Tandil hat einen legendären Ruf.
Und vielleicht ist auch Ihnen schon folgendes Gerücht zu Ohren gekommen: Tandil stamme aus dem Hause Henkel, habe die gleichen Inhaltsstoffe wie Persil, nur der Duft sei halt ein bisschen anders. Und weil Tandil und Persil fast identisch seien, würden beide Produkte bei Tests auch immer gleich gut abscheiden …
Tatsächlich ist die Sachlage diffiziler. Viele Hinweise sprechen dafür, dass Henkel früher tatsächlich ein Lieferant von Tandil war. Heutzutage teilen sich andere den Markt, darunter die Firmen **Luhns**, **Dalli** und **Propack**.
Tandil ist ein typisches Beispiel dafür, dass Aldi für ein und dasselbe Produkt verschiedene Hersteller unter Vertrag hat. Unsere Testprodukte – gekauft im März 2005 – stammten teilweise vom Hersteller Dalli, teilweise von Propack.
Die Dalli–Gruppe ist ein gigantisches Familienunternehmen in fünfter Generation, das sich neben den eigenen Marken (Dalli, Evidur, Glix) vor allem auf Handelsmarken von Wasch- und Geschirrspülmitteln, Haushaltsreinigern und Haar- und Körperpflegeprodukten spezialisiert hat. Nach eigenen Angaben ist Dalli mit einer Jahresproduktion von mehr als 400.000 Tonnen der zweitgrößte Handelsmarkenhersteller Europas – und offenbar trägt Tandil einen guten Teil zu dieser Bilanz bei.

Welcher prominente Name hinter der Firma Propack steckt, können Sie gleich beim nächsten Beispiel – den Geschirrspül-Tabs – nachlesen. Und dann mischt offenbar noch ein weiterer Hersteller mit: Nach Informationen des Internet-Dienstes „Wer-zu-Wem" gilt auch der Waschmittelhersteller **Luhns** aus Greven als Produzent von Tandil. Henkel dagegen will mit Aldi nicht in Verbindung gebracht werden. Es bringt den Konzern offensichtlich in Rage, dass Tandil immer wieder mit Persil verglichen wird. Wer behauptet, Tandil werde von Henkel produziert, riskiert laut „Focus" sogar ein juristisches Nachspiel.

Aldi Nord	Aldi Süd
Akuta Geschirrspültabs Dalli Werke, 52220 Stolberg	**alio Geschirrspültabs** Propack GmbH, Boveristr. 15, 68526 Ladenburg

Die Geschirrspül-Tabs aus den Aldi-Nord-Filialen stammen vom Reinigungshersteller **Dalli**.

Geheimnisvoller ist die Sache bei Aldi Süd. Hier steht als Produzent eine Propack GmbH aus Ladenburg auf der blauen Verpackung. Propack dürfte Ihnen kein Begriff sein. Und auch wenn Sie erfahren, dass Propack eine Tochtergesellschaft von **Reckitt Benckiser** ist, werden Sie kein Aha-Erlebnis haben. Doch sobald Sie hören, dass Reckitt Benckiser so bekannte Marken wie Calgonit produziert, dürfte der Groschen fallen.

Der britische Konzern Reckitt Benckiser gehört zu den weltweit größten Herstellern von Wasch- und Reinigungsmitteln und produziert zum Beispiel auch Sagrotan, Airwick, Hoffmann's, Woolite oder Vanish.

Während diese Labels mit millionenschweren Etats beworben werden, laufen die Handelsmarken ganz ohne PR.

Allerdings haben die alio-Spültabs nicht die gleiche Zusammensetzung wie die original Calgonit-Tabs. Auf der Website von Reckitt Benckiser ist ein Interview veröffentlicht, das Vorstandsmitglied Achim Eichenlaub vor längerer Zeit mit dem Magazin „Horizont" geführt hat. *„Unsere Privat-Label-Produkte sind nicht identisch mit denen unserer eigenen Marken. Weiterentwicklungen lassen wir zuerst und vor allem unseren Marken zugute kommen."*

Auf die Frage, warum Reckitt Benckiser überhaupt Handelsmarken produziert, hielt Eichenlaub eine recht pragmatische Antwort bereit: *„Wenn wir uns nicht an diesem Geschäft beteiligen, machen es andere."*

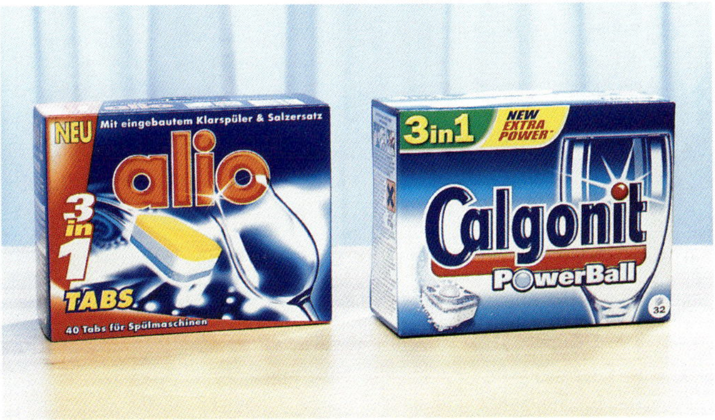

Hygieneartikel

Aldi Nord	Aldi Süd
Solo Talent Taschentücher SCA Hygiene Products GmbH, 68264 Mannheim	**Kokett Taschentücher** SCA Hygiene Products GmbH, 68284 Mannheim

Die Papiertaschentücher lässt sich Aldi von einem der weltweit führenden Hersteller von Hygieneprodukten ins Haus liefern – von dem schwedischen Konzern **SCA**. In Mannheim befindet sich der deutsche SCA-Firmensitz. Und von hier stammen viele Produkte, die Sie auch aus der Werbung kennen: zum Beispiel die Zewa Softis oder das Küchenkrepp Zewa Wisch & Weg.

Aldi Nord	Aldi Süd
Vibelle Premium-Windeln Hyga GmbH & Co. KG, Steineshoffweg 2, 45479 Mülheim an der Ruhr	**Mamia Premium-Windeln** Ontex-Vertriebs GmbH & Co. KG, Ringstr. 16, 09569 Oederan

Billige Discounter-Windeln fürs Baby? Unter jungen Müttern gibt es zu dieser Frage ganz unterschiedliche Ansichten. Die einen schwören auf Windeln „vom Aldi“, die anderen greifen lieber zur Marke. Falls Ihr Baby bislang Windeln der Marke Moltex getragen hat, dürfte der Unterschied zur Aldi-Windel vielleicht gar nicht so groß sein. Denn die Aldi-Windeln unter dem Label Mamia und die original Moltex-Windeln kommen vom gleichen Hersteller: der belgischen Firma **Ontex**. Die Vibell-Windeln aus dem Hause Aldi Nord werden von der Firma **Hyga** produziert, einem Hygieneartikelhersteller, der ausschließlich Eigenmarken für Discounter und Drogeriemärkte produziert.

Aldi im Netz

www.aldi-essen.de
Knapp gehaltene Seite von Aldi Nord mit kurzen Erläuterungen des Aldi-Prinzips. Auflistung von Preissenkungen und Neuaufnahmen im Sortiment. Wer will, kann sich für einen Aldi-Newsletter anmelden.

www.aldi-sued.de
Etwas auskunftsfreudigere Website von Aldi Süd. Hintergrundinfos über Organisationsstruktur und Gesellschaften. Mit Routenplaner und Anfahrtsweg für alle Aldi-Filialen.

www.aldibaran.de
Eine Art privater Aldi-Fanclub mit einer bunten Mischung aus Wissenswertem und Absurdem rund um den Kult-Discounter. Wie funktioniert bei Aldi die Rücknahmegarantie? Warum variiert das Sortiment in den einzelnen Filialen? Gibt es Aldi auch in Österreich? Bei den FAQs bleiben keine Fragen offen. Besonderer Service: Ein Link mit einer detaillierten Preisliste von 600 Aldi-Nord-Artikeln.

www.lebensmittelmarken.de
Website von einem der ersten No-Name-Detektive. Der Stuttgarter Polizist Volker Schwörer hat über 100 Eigenmarken des Handels ins Netz gestellt und Hintergründe über die wahren Hersteller geliefert. Allerdings sind auf seiner Homepage nur Produkte von Aldi-Süd aufgeführt. Lohnenswert ist auch ein Klick auf das Gästebuch.

www.wer-zu-wem.de
Ein sehr umfangreiches Verzeichnis von Lebensmittelmarken und ihren Herstellern. Die Angaben sind mit Quellenhinweisen versehen,

so dass sich nachvollziehen lässt, woher der Herausgeber seine Informationen bezieht.

www.markenhersteller.de
Eine aufschlussreiche Website mit vielen bekannten Konsumgütern, die in Deutschland erhältlich sind. Neben dem jeweiligen Markennamen wird das Unternehmen aufgelistet, dem das Markenrecht direkt oder auch indirekt über Tochtergesellschaften gehört.

www.discountfan.de
Kein „Aldi-Special“, sondern eine generelle Seite über Discounter. Täglich wird ein aktuelles Schnäppchen vorgestellt. Wenn Norma beispielsweise einen neuen Pocket-PC anbietet, sind hier die exakten Daten aufgelistet. Im Diskussions-Forum können 6000 registrierte Nutzer ihre Meinung zu Discountern kundtun. Wer auf den Link „Die Label-Liste“ klickt, findet eine tabellarische Übersicht über einige Aldi-Marken. Die Liste ist jedoch etwas veraltet.

www. koever.de
Der Kölner Matthias Kövér gilt als hartgesottener Aldi-Fan, der seinem Lieblingsdiscounter schon seit mehreren Jahren eine teils chaotische, teils sachlich-fundierte Internet-Seite inklusive Newsletter, Umfragen und Linksammlung widmet.

Virtuelle Gerüchteküche

Im Internet brodelt es: Immer mehr Smart-Shopper setzen ihre Informationen über No-Name-Produkte ins Netz. Es gibt mittlerweile zahlreiche Foren, in denen ein reger Austausch über Handelsmarken stattfindet. Den Wahrheitsgehalt dieser Beiträge müssen Sie natürlich selbst abschätzen. Trotzdem: Hier eine kleine Auswahl an Infos aus der virtuellen Gerüchteküche rund um Aldi & Co.

„Mister X“ unter www.lebensmittelmarken.de: *„Ich komme beruflich bedingt sehr oft in die Produktionsbereiche von Lebensmittelherstellern. Dass die Qualität von Lidl oder Aldi genauso gut ist wie die des Originals, kann ich nur bestätigen. Wenn zum Beispiel nach drei Stunden Abfüllen der Original-Marke nun eine Charge für den Discounter abgefüllt werden soll, geschieht das ganz einfach: Produktion anhalten, Verpackungsmaterial umbauen vom Markenhersteller auf Aldi (Deckelfolien, Umverpackung), weiter geht's im Takt. Bei derselben Qualität. Ein Technischer Leiter eines Saftabfüllers sagte mir mal wörtlich: Heute ist die Qualität der Handelsmarken oft besser als die unserer eigenen Marke. Die Discounter stellen so hohe, detaillierte Anforderungen, dass nur eine hohe, gleich bleibende Qualität herauskommt.“*

„Maverick“ unter www.lebensmittelmarken.de: *„Ich habe einige Zeit für die Lidl & Schwarz GmbH gearbeitet und erst da wurde mir klar, dass Markenhersteller nicht nur namhafte Eigenartikel haben, sondern ihre Artikel auch als No Name anbieten.“*

„tequila“ unter www.supernatur-forum.de: *„Ich bin früher LKW für Aldi gefahren. Wenn du an so ein Zentrallager kommst, wirst du dich wundern. Hinter jedem Produkt, das die da verkaufen, steckt*

ein großer deutscher Markenhersteller. Ich weiß nicht, wie sehr du dich in Deutschland auskennst, was die Lebensmittelindustrie angeht, aber auf jeder Verpackung steht in der Regel ein Herstellernachweis mit Adresse. Dann guckst du, welche große Firma in diesem Ort ansässig ist, und in der Regel ist das der Hersteller. Ein Beispiel sind die Säfte bei Aldi, die werden von Stute in Paderborn hergestellt.
Das ist aber noch nicht alles, Aldi schreibt dem Hersteller gewisse Inhalte vor. Das Hühnerfrikassee hat zum Beispiel 20 Prozent mehr Fleischanteil als das Original vom Hersteller. Die meisten Hersteller möchten aber nicht, dass sie mit Aldi in Verbindung gebracht werden. Sie möchten ihre Produkte unter dem eigenen Label verkaufen. Dennoch sind die Verträge mit Aldi sehr beliebt bei den Herstellern, da eine dauerhafte Massenabnahme garantiert ist."

„traute2" bei www.kochrezepte-online.de: *„Ich habe beim Bahlsen-Werksverkauf Kekse gesehen, die bei Aldi angeboten werden. Die Kekse waren in ihrer original Aldi-Verpackung."*

„mASIE" unter www.lebensmittelmarken.de: *„Ich kann als Milchlieferant an die Hansamilch Mecklenburg bestätigen, dass für Hansano und Milchbrise und Goldblume die gleiche Milch verarbeitet wird."*

„anke" unter www.lebensmittelmarken.de: *„Ich weiß aus sicherer Quelle, dass der Auerbach Sekt bei Aldi von Deinhard aus Koblenz ist."*

„jost heckel" unter www.lebensmittelmarken.de: *„Während eines Ferienjobs in unserem Studium in Mannheim hat meine Freundin bei Nadler Feinkostsalate gearbeitet. Dort laufen die Salate auf dem* *gleichen Band und teilen sich am Ende der Produktionsstraße. Auf die einen kommen Nadler-Deckel und auf die anderen Armada-Deckel. Und die werden an Aldi geliefert. Meine Freundin arbeitete im Büro und stellte die Rechnungen an Aldi-Süd, Mülheim an der Ruhr, aus."*

„kingralphs" unter www.lebensmittelmarken.de: *„Ich war früher für eine Sekt- und Weinkellerei tätig. Für Lidl und Aldi wird meist nur ein anderes Etikett benutzt. Die Qualität ist gleich, da Rüstkosten an der Füllanlage zu teuer sind."*

„jambala" unter www.chefkoch.de: *„Zum Thema Markenartikel, die unter anderem Namen verkauft werden, hier mal zwei Beispiele, von denen ich weiß, dass sie so sind: In Saarlouis gibt es eine Firma Ludwig Schokolade, die für Trumpf produziert und indirekt zum Krüger-Konzern (der mit dem Cappuccino) gehört. Die produzieren auch die Schokoriegel, die in Frankreich bei Carrefour als No-Name verkauft werden. Und die stellen auch die Knusperriegelchen für Aldi her. Und die Aldi-Chips werden zum Beispiel von Bahlsen hergestellt."*

„Vikings" unter www.chefkoch.de: *„Bei Pfeiffer & Langen, die den Kölner Zucker herstellen, kommen nach den Kölner Tüten in der Abfüllung einfach Ja-Tüten für Rewe. Aber zum kleineren Preis als der Kölner-Zucker, obwohl dasselbe drin ist."*

„Bellaqueen" unter www.lebensmittelmarken.de: *„Falls das nicht schon mal jemand angemerkt hat: Die IBU Chips bei Aldi sind von Bahlsen. Das hat Herr Bahlsen auf einer Infoveranstaltung erzählt."*

„Sabine" unter www.lebensmittelmarken.de: *„Ich habe letztens eine ganze Kiste Joghurt bei Aldi Süd gekauft. Und unten in der Kiste lag ein Kontrollzettel der Firma Müllermilch."*

„Björn" unter www.lebensmittelmarken.de: *„Manchmal wechseln die Discounter die Hersteller, um Wege und Kosten zu sparen. Die Nudeln der Marke Alino (Aldi Süd) kamen lange Zeit aus Italien. Jetzt steht auf der Verpackung T.A.G. Nahrungsmittel GmbH, 68070 Mannheim. In dieser Stadt mit gleicher Postleitzahl befindet sich auch der Nudelhersteller Birkel ..."*

„Wiebke" unter www.lebensmittelmarken.de: *„Die Schokolade bei Aldi Nord kommt von Storck (Merci etc.). Ich habe in der Werbeabteilung bei Storck gearbeitet, wo auch die Umkartons für Aldi gestaltet werden. Sweetland kommt von Katjes."*

„nur so" unter www.lebensmittelmarken.de: *„Bitte immer daran denken, dass die Artikel der Discounter nicht überall vom gleichen Hersteller kommen. Das ist nach Regionen sehr unterschiedlich. Das 2,5-l-Vanille-Eis von Grandessa/Aldi ist zum Beispiel nicht nur von Nordmilch, sondern teilweise auch von Schöller und bei Aldi Nord liefern sowohl Roncadin (Prima Eis) als auch Nordmilch (MHT GmbH Zeeven). Bei allen anderen Milchprodukten verhält es sich genauso."*

Kurz und knapp: Wer steckt dahinter?

Hier finden Sie Vertriebs-, Tochter- oder sonst verbundene Unternehmen, unter deren Namen etablierte Markenhersteller No-Name-Produkte anbieten (Angaben ohne Gewähr).

allfein Feinkost GmbH & Co. KG, 49393 Lohne
➤ **PHW-Gruppe (Wiesenhof)**

Backfrost Caldino GmbH, 49497 Mettingen
➤ **Coppenrath & Wiese**

BPL Légumes BP1, 62159 Vaulx-Vraucourt, Frankreich
➤ **Bonduelle**

Burlwood Cellars, Modesto, USA
➤ **Ernest & Julio Gallo**

Buss GmbH & Co. KG, 28866 Ottersberg
➤ **Heristo (Stockmeyer)**

Cassie Eiskrem GmbH & Co. KG, 52518 Heinsberg
➤ **Rosen-Eiskrem**

Christian Wunner GmbH, 49193 Bad Laer
➤ **Homann Feinkost**

Confitesse Backwaren-Vertriebs GmbH, 53842 Troisdorf
➤ **Erlenbacher Backwaren bzw. Schöller / Nestlé**

Copack Tiefkühlkost Produktionsgesellschaft mbH,
27531 Bremerhaven
➤ **Frosta**

Coverna GmbH, 56751 Polch
➤ **Griesson de Beukelaer**

Danland Foods, DK-8260 Viby J
➤ **Arla Foods (Buko)**

Dr. Heinr. König, 23560 Lübeck
➤ **Campbell Soup Group (Erasco)**

Dr. Lange & Co. GmbH, 40552 Düsseldorf
➤ **Zamek**

Dr. Schödter GmbH, 49628 Essen
➤ **Popp Feinkost (Wernsing-Gruppe)**

E. Kiessling GmbH, 91166 Georgensgmünd
➤ **Wella**

F.A. Crux GmbH & Co. KG, 52001 Aachen
➤ **Lambertz**

FB-Vertrieb, 21306 Lüneburg
➤ **Da-Vau-Ge Gesundkostwerk (Fit & Aktiv, Bruno Fischer, Eden)**

Feurich GmbH, Hannover
➤ **Bahlsen**

ff-Frisch-Food-Handel GmbH, 42867 Remscheid
➤ **Steinhaus**

Flämische Keksfabrik GmbH, 47906 Kempen
➤ **Griesson de Beukelaer (Prinzenrolle)**

good food GmbH, 39288 Burg
➤ **Burger Knäcke / Brandt Zwieback**

Griff GmbH, 58207 Schwerte
➤ **The Nut Company (Ültje, Felix, Pittjes)**

Gritto Werke, 19221 Hagenow
➤ **Carl Kühne**

Grüne Aue Molkerei, 47439 Moers/Niederrhein
➤ **Onken / Dr. Oetker**

Hanse Feinkost GmbH, 27472 Cuxhaven
➤ **Heristo (Appel)**

IBU GmbH, 63233 Neu-Isenburg

➤ **The Lorenz Bahlsen Snack-World**

Jacobi Scherbening GmbH & Co. KG, 33054 Paderborn

➤ **Stute**

Lactona GmbH, 85540 Haar

➤ **Danone (Fruchtzwerge)**

Lamarc Feinkost GmbH, 40556 Düsseldorf

➤ **Zamek**

Lisner Feinkost GmbH, 46240 Bottrop

➤ **Nadler Feinkost**

MBP Milchprodukte GmbH, 74078 Heilbronn

➤ **Campina AG**

Menü-Variant GmbH, 49176 Hilter

➤ **Apetito**

Meerrettich-Vertrieb EM, 91081 Baiersdorf

➤ **Schamel**

Milchfrisch Vertriebs-GmbH, 87770 Oberschönegg

➤ **Ehrmann (Früchtetraum, Almighurt)**

Premium Cosmetics GmbH, München

➤ **Dr. Scheller (Apotheker Dr. Scheller Naturkosmetik, Manhattan, Durodont)**

Prima Eis GmbH, 49080 Osnabrück

➤ **Roncadin (Landliebe Eis)**

Propack GmbH, 86522 Ladenburg

➤ **Reckitt Benckiser (Calgonit, Sagrotan, Woolite)**

Radolf Nahrungsmittel GmbH, 78315 Radolfzell

➤ **Hügli**

Sankt Florin Sektkellerei GmbH, Koblenz/Wiesbaden

➤ **Deinhard**

Smile Factory GmbH, 40221 Düsseldorf

➤ **Katjes Fassin**

Südkonserven GmbH, 84347 Pfarrkirchen

➤ **Develey**

Schwabenfrucht Konserven Vertriebs GmbH, 33054 Paderborn

➤ **Stute**

Tivau Tiefkühlvertrieb GmbH, 90425 Nürnberg

➤ **Schöller / Nestle**

T.M.A. GmbH, 86850 Fischach

➤ **Müllermilch**

Türk & Pabst GmbH, 46240 Bottrop

➤ **Nadler Feinkost**

WIHA GmbH , 33780 Halle (Westf.)

➤ **Storck**

W.L. Ahrens GmbH & Co. KG, 33054 Paderborn

➤ **Stute**

v. d. Heiden Düsseldorfer Senf GmbH, Düsseldorf

➤ **Löwensenf**

Voss-Feinkost, 49193 Bad Laer

➤ **Homann Feinkost**

Wefa-Brot GmbH, 52146 Würselen

➤ **Kronenbrot**

Wesa Feinkost GmbH & Co. KG, 31868 Ottenstein

➤ **Petri Feinkost (Petrella)**

Zoma, 89312 Günzburg

➤ **Zott (Monte, Jogolé)**

Die Veterinärkontrollnummer

Auf allen abgepackten Milch-, Fleisch- und Fischerzeugnissen, die innerhalb der Europäischen Union verkauft werden, muss auf der Verpackung eine so genannte Veterinärkontrollnummer angegeben werden. Dieser Code gibt den Herstellungsbetrieb wieder, in dem das Produkt „zum letzten Mal bearbeitet oder verpackt“ wurde. Die deutschen Betriebe werden EU-weit zugelassen und müssen im Bundesanzeiger veröffentlich werden.

Hier ein Beispiel für einen Molkereibetrieb: D NW 303 EWG. Dabei steht D für Deutschland, NW für Nordrhein-Westfalen, die Zahlenkombination 303 für die Onken GmbH in Moers und EWG für Europäische Wirtschaftsunion.

Bei Fleisch und Fisch verarbeitenden Unternehmen wird die Art des Bearbeitungsbetriebes angegeben, zum Beispiel D EV 292 EWG. Hier steht D für Deutschland, EV für Fleisch verarbeitender Betrieb, die Zahlenkombination 292 für die Zimbo Fleisch- und Wurstwarenproduktion in Börger, EWG für Europäische Wirtschaftsgemeinschaft.

Anbei eine kleine Auswahl von Lebensmittel produzierenden Betrieben und ihren Veterinärkontrollnummern.

Die Auswahl unter der Rubrik „Molkereierzeugnisse“ sind in Deutschland zugelassene Betriebe für die Herstellung und Vermarktung von Rohmilch, wärmebehandelter Milch und Erzeugnissen auf Milchbasis. In der Tabelle „Fleischerzeugnisse“ finden Sie eine Auswahl der in Deutschland zugelassenen Fleischverarbeitungsbetriebe. Unter „Geflügelerzeugnisse“ steht eine Auswahl der in Deutschland zugelassenen Geflügelfleischzerlegungsbetriebe und unter „Fischereierzeugnisse“ wurde eine Auswahl der in Deutschland zugelassenen Betriebe für Fischereierzeugnisse aufgeführt.

Fleischerzeugisse	
D EV 2	Campbell's Germany GmbH, Lübeck
D EV 15	Westfälische Fleischwarenfabrik Stockmeyer GmbH & Co. KG, Sassenberg-Füchtorf
D EV 21	Heinrich Hamker Lebensmittelwerke GmbH & Co. KG, Bad Essen
D EV 22	Hansa-Fertigmenü GmbH & Co, Hilter
D EV 25	Fritz Homann Lebensmittelwerke GmbH & Co. KG, Bissen a. TW
D HB-EV 036	Nadler Feinkost GmbH, Bremerhaven
D EV 49	Buss GmbH & Co. KG, Ottersberg
D EV 73	Karl Könecke, Bremen
D EV 84	Gebr. Popp-Feinkost KG, Kaltenkirchen
D EV 93	Nadler Werke GmbH, Bottrop
D EV 135	Apetito, Karl Duesterberg GmbH & Co. KG, Rheine
D EV 167	Karl Könecke Fleischwarenfabrik GmbH & Co. KG, Delmenhorst
D EV 196	Karl Könecke Fleischwarenfabrik GmbH & Co. KG, Berlin
D EV 218	Hans Kupfer & Sohn GmbH & Co. KG, Heilsbronn
D NW-EV 221	Wiesenhof Geflügelwurst GmbH & Co. KG, Rietberg
D EV 247	Wernsing Feinkost GmbH, Essen-Addrup
D EV 254	Vossko-Tiefkühlkost GmbH, Ostbevern
D EV 345	Franziska Stolle, Geflügelspezialitäten GmbH & Co. OHG, Steinfeld
D EV 356	Metten Fleischwaren GmbH & Co., Finnentrop
D EV 362	Freiberger Lebensmittel GmbH & Co. Produktions-Vertriebs KG, Berlin
D NI-EV 407	Beeck Feinkost GmbH & Co. KG, Cuxhaven

D TH-EV 555	Nadler-Feinkost GmbH Bottrop, Zweigbetrieb Floh-Seligenthal, Floh-Seligenthal
D EV 717	Howe GmbH & Co. KG, Nürnberger Bratwurst-fabrikation, Nürnberg
D EV 718	allfein Feinkost GmbH & Co. KG, Lohne
D EV 761	Fine Food Feinkost Mühlenberg GmbH & Co. KG, Wittenburg
D EV 847	Schottke GmbH & Co. KG, Bremerhaven (Frosta)
D EV 1085	Carl Kühne, Berlin
D EV 1165	Georg Stolle GmbH, Neutrebbin
D EV 1710	Wiesenhof Geflügelspezialitäten GmbH & Co., Lohne
D EV 1782	allfein Feinkost GmbH & Co. KG, Niederlassung Zerbst, Zerbst

Geflügelerzeugnisse	
D EZG 57	Wiesenhof Geflügelspezialitäten, Bogen
D EZG 81	Gebr. Stolle GmbH & Co. KG, Visbek
D EZG 113	Wiesenhof Geflügelspezialitäten GmbH & Co, Zweigniederlassung Holte, Wietzen
D EZG 214	Wiesenhof Geflügelspezialitäten GmbH & Co., Lohne
D EZG 238	Fine Food Feinkost GmbH, Emsdetten
D EZG 257	Wiesenhof-Geflügel Möckern GmbH, Möckern
D EZG 259	Georg Stolle GmbH, Neutrebbing
D EZG 260	allfein Feinkost GmbH & Co. KG, Lohne
D EZG 270	Fine Food Feinkost GmbH, Wittenburg
D EZG 1782	allfein Feinkost GmbH & Co, Zerbst

Molkereierzeugnisse	
D BB 023	Schöller Lebensmittel GmbH & Co. KG, Prenzlau
D BW 033	Campina GmbH, Heilbronn
D BY 103	Staatliche Molkerei Weihenstephan GmbH, Freising
D BY 104	Neuburger Milchwerke GmbH & Co. KG, Neuburg a. D.
D BY 111	Meggle GmbH, Wasserburg a. Inn
D BY 112	Milchverarbeitung J. Bauer KG, Wasserburg a. Inn
D BY 118	Neuburger Milchwerke GmbH & Co. KG, Dachau
D BY 123	Feinkäserei Hochland GmbH, Schongau
D BY 544	Schöller Lebensmittel GmbH & Co. KG, Nürnberg
D BY 706	Karwendel-Werke Franz X. Huber, Buchloe
D BY 712	Zott GmbH & Co, Günzburg
D BY 718	Molkerei Alois Müller GmbH & Co, Aretsried
D BY 721	Zott KG, Mertingen
D BY 723	Molkerei Heinrich Gropper KG, Bissingen
D BY 727	Ehrmann AG, Oberschönegg
D MV 001	Danone, Hagenow
D NI 059	Humana Milchunion eG, Georgsmarienhütte
D NI 076	Schöller Lebensmittel GmbH & Co. KG, Uelzen
D NI 087	Roncadin GmbH, Osnabrück
D NI 102	Eisbär Eis GmbH, Apensen
D NI 107	Petri-Feinkost GmbH, Ottenstein
D NI 300	Apostel GmbH, Garbsen
D NW 201	Humana Milchunion eG, Everswinkel
D NW 203	Molkerei H. Strothmann GmbH, Gütersloh
D NW 204	Humana Milchunion eG, Everswinkel
D NW 303	Onken GmbH, Moers
D NW 401	Campina GmbH, Köln

D NW 503	Privatmolkerei Borgmann, Coesfeld
D NW 507	Privatmolkerei Borgmann, Dorsten
D NW 508	Humana Milchunion eG, Everswinkel
D NW 511	Privatmolkerei Borgmann, Coesfeld
D NW 514	Sanobub GmbH, Recke
D NW 520	Schroer Eis GmbH, Haltern
D SN 016	Sachsenmilch AG, Leppersdorf Sachsenmilch AG, Leppersdorf

Fischereierzeugnisse	
D BE EFB 018	Freiberger Lebensmittel GmbH & Co. Produktions- und Vertriebs KG, Berlin
D BW EFB 020	Freiberger Lebensmittel GmbH & Co, Muggensturm
D HB EFB 036	Nadler Feinkost GmbH, Bremerhaven
D HB EFB 048	Schottke, Bremerhaven (Frosta)
D HH EFB 014	Beeck Feinkost GmbH, Hamburg
D NI EFB 002	Beeck Feinkost GmbH, Cuxhaven
D NI EFB 017	Appel Fisch Feinkost GmbH & Co. KG, Cuxhaven
D NI EFB 080	Fritz Homann Lebensmittelwerke GmbH, Dissen
D NI EFB 089	Heinrich Hamker Lebensmittelwerke GmbH & Co. KG, Bad Essen-Lintrop
D NW EFB 502	Apetito AG, Rheine
D NW EFB 501	Nadler Feinkost GmbH, Bottrop
D SH EFB 009	Hawesta-Feinkost, Hans Westphal GmbH & Co. KG, Lübeck
D SH EFB 066	Popp Feinkost GmbH, Kaltenkirchen
D TH EFB 555	Nadler Feinkost GmbH, Floh-Seelingenthal

Literatur: Dieter Brandes: Die 11 Geheimnisse des Aldi-Erfolgs. Frankfurt am Main: Campus Verlag 2003

Dieter Brandes: Konsequent einfach. Die Aldi-Erfolgsstory. München: Wilhelm Heyne Verlag 1998.

ISBN 3 517 06938 8

Umschlaggestaltung: Atelier Versen, Bad Aibling
Konzeption und Realisation: ABC Medienagentur
Miriam Schmidt, Augsburg
Fotos: Alescha Birkenholz, München
U 1: Photodisc Rot/Getty Images

Satz: Atelier Georg Lehmacher, Friedberg (Bay.), www.lehmacher.de
Druck: Těšínská tiskána, Český Těšín
Printed in the Czech Republic

817 2635 44